民藝の教科書④

かごとざる

久野恵一 監修
萩原健太郎 著

グラフィック社

ものの向こう側に見える日本の暮らし

いま、人間社会の営みから必然的に生まれた日本のかごやざるづくりの伝統は、風前の灯です。プラスチック製品の普及により活躍の場を奪われ、安価な中国製品の台頭が追い打ちをかけ、日用品としての編組品を手がける職人はどんどん減っています。専業で生活することが困難な仕事を新たに志す若者は少なく、腕のいい職人は70代、80代があたり前、という状況です。「手仕事のかご、ざるは人気があるのになぜ？」と思う人もいるかもしれません。しかし、それは東北地方の山ぶどう皮で編んだかごバッグのように、「かわいい一生もの」として人気を得てブランドバッグ顔負けの価格で販売されている製品かもしれません。あるいは、趣味から仕事を始めた人や、伝統産地のつくり手であっても、売れるからと安易に仕事に取り組んでいるような人たちの製品かもしれません。メディアに取り上げられることも多いこうした製品が人気を得る一方で、愚直に昔ながらの仕事を続ける職人たちは誇りを失って仕事を離れていき、後継者が育たなくなっているのが現実です。

元来日本では、全国各地にその土地ごとの身近な素材を活かし、その土地ごとの暮らしから生じる用を満たすために工夫された多種多様なかご、ざるづくりの仕事がありました。ところがこのまま進めば、5年、10年の間にもその技術の大半が失われることは確実。今回の旅を始めるにあたり、この状況を打開するための方策探しが大きな目的となりました。

そんな思いを胸に伝統的なかご、ざるのつくり手たちを訪ねて全国各地をめぐるなかで、あらためて実感したことがあります。それは、かご、ざるは突っ込んで知れば知るほど、製品の向こうに伝統的な日本人の暮らしが透けて見えてくるということです。これは日常生活はもとより、農業、漁業、林業、商業など、社会のあらゆる場面で活躍してきたかご、ざるならでは。

この本でご紹介するのは、私が柳宗悦や民藝の先人たちから学んだ眼で、これぞ民藝と認めた製品と、そのつくり手たちです。しかしみなさんには、民藝かどうか、あるいはかわいい、実用的だ、というだけで終わらせず、ぜひ実際に使ってみて、ものの向こう側にある日本を意識していただきたいと思います。それがみなさんの暮らしを豊かにすると同時に、失われつつある民藝のかご、ざるの未来につながることを祈って。

２０１３年６月　久野恵一

美しき日本の手仕事の危機

原稿を書くにあたり、悩んだことがある。つくり手が仕事をする場所を「工房」と表記するか、あるいは「作業場」「仕事場」と表記するべきか。

既刊の取材先には、つくった製品を展示するスペースがあるところも多く、また、ろくろや織機、木工機械、塗りの道具などが置いてあり、工房という言葉が似合っていた。しかし今回の「かごとざる」の場合、ものがかさばることもあり、つくったものは早々に発送してしまうか、業者が引き取りにくるので、ほとんど残っていない。また必要な道具といえば、材料をこしらえるための刃物類や定規程度。仕事をする場所も、離れの小屋があれば立派なほうで、たいていは居室の一角、なかには屋外のシラス大地の崖の下で仕事をする人もいた。

場所がなんとも簡素なせいだろうか、余計に素材と向き合うその仕事ぶりにはすごみを感じることが少なくなかった。全神経を集中させて、ひごづくりをおこなう刃物使い、小気味のいいリズムを刻みながら編み上げていく指先に、ファインダー越しに見惚れることもしばしばだった。

この原始的で美しき日本の手仕事は、これまでに紹介したどの手仕事よりも、絶滅の危機を迎えている。というよりも、現代まで残っていることのほうが奇跡的といえるかもしれない。製作の現場で取材、撮影をしていると、いかに手間がかかる仕事かがわかる。

材料を採りに山に入るとき、つねにクマやハチなどを警戒しなければならず、大げさでなく命の危険がつきまとうし、それにしては、苦労してつくりあげた製品はあまりにも安い。これでは、作家になり価格を上げるか、実用のものをつくり続けるのなら、農業との兼業、あるいは年金をもらいながら趣味的に続けるなどしか方法はない。

かごやざるを見て、「ほしい!」と思っても、価格を見て「高い」と感じ、購入を躊躇してしまう人もいることだろう。でも、製作者の思いや技、そこから生まれたものがある暮らしを見て知ることができれば、その考えは変わるかもしれない。そんなことを期待して巻頭言を結びます。

２０１３年6月　萩原健太郎

民藝の教科書④

かごとざる

◎もくじ

《3時間目》
毎日使って、毎日楽しむ
かごとざるを暮らしのなかに

※本文中の人名のうち、故人は敬称略を基本とし、そのほかも一部敬称略とさせていただきました。
※本書に掲載されているデータ、価格などは2013年6月現在の情報です。
※本書に掲載されている価格はとくに記載されている場合をのぞき、税込価格です。

1時間目

見る・使う楽しみがぐんと深まる
編み組み仕事のあれこれ

かごとざるの基礎知識

真竹《まだけ》、根《ね》曲竹《まがりだけ》、鈴竹《すずだけ》、孟宗竹《もうそうちく》……。
ひと口に竹といっても日本には、
一説によると600種類以上の竹があるといわれる。
それらには色艶、長さ、太さ、
タケノコとして食用にされるかどうかなど、
おのおのに特徴がある。
しかし、そのようなことを知らない人がほとんどだろう。
多くの人が子どもの頃に、
両親や学校の先生に『竹取物語』を読んでもらい、
竹には親しみを感じているはずなのに。

「竹を割ったような性格」なんていう言葉はよく使われるのに。
ちなみに、われわれが食するタケノコは、
どの種類の竹から採れるかご存知ですか？

イメージとしては身近な材料であるにもかかわらず、
製品となるともうひとつ縁遠いかもしれない。
それでもたとえば、炊飯器が普及する以前、
夏場にごはんを入れて涼しいところにぶら下げておいた
ふたつきのざるは、家庭の生活必需品だった。

暮らし方が変われば、必要なものが変わるのは当然かもしれない。
しかし、それらはほんとうに活躍の場がなくなったのか。
竹をはじめとする素材のこと、製法のこと、
それらから生み出された製品のことなどを知った上で、
再度考えても遅くはないと思う。

《モノから学ぶ》

これって民藝？

昔ながらのざる？

民藝か民藝ではないか——これはモノのよしあしの基準ではなく、モノの見方の基準。手仕事イコール民藝ではないわけは？　まずはいろいろなモノから学んでいきましょう。

造形的にも面白いいいものではあるが、民藝とは違う

このおたま型のざるは、もともとは佐渡でよくつくられていたもので、かつては全国各地の民芸店でたくさん売られていた。持ち手にした竹の稈《かん》を薄く割き、広げて横ひごを編み込むという難しい技術を要するのだが、この製品は丁寧にきちんとつくられている。造形的にも面白みのある、いいものだ。

ただ、縁巻きに水をはじく竹の皮ではなく、水の染みやすい身を用いている点（やわらかいので巻きやすい）や、ざる部分の横ひごも半分は表裏とも身を使っている点が、残念なところ。実用的工芸品ではあるが、民藝とは違うといわざるをえない。

タイ製のざる？

世界共通の技法やかたちも多いが日本で使えるかが問題

このざるのように円形で深さがあり、縁は当て縁をして竹や蔓でしばる野田口仕上げのざるは、世界各地にある。つくりやすさから必然的にたどりつく、世界共通のかたちのひとつなのだろう。

あじろ編みの模様が際立ったこのざるは、タイの街中で日本円にすると百円程度で売られていたという。人件費の安い海外では手仕事の品の値段も安く、価格の安さが品質の悪さをあらわすとはかぎらない。しかしそもそもタイの竹は日本の竹よりも軟質なバンブー系であり、耐久性に劣る。また日本製のものと違い、湿気の多い日本の気候に合わせた耐久面での配慮がなされてもいない。日本で使うことを前提とするなら、民藝とは違うものということになる。

伝統的な製品の復元品？

難しいつくりを丁寧に再現した仕事は立派。ただし価格に問題あり

写真は大分・竹田地方に伝わる「シタミ」と呼ばれる魚かご。大分の訓練校で竹細工を学び、その後も青物細工師を目指し研鑽を重ねる若手のつくり手が、地元ではすでに途絶えた伝統的な製品を復元したものだ。

編み目はきれいにそろい、縁もしっかり処理されている。非常に丁寧な仕事だ。ただし、価格が1万5000円と少々高い。価格には要した作業時間が反映されるから、時間をかけすぎているのだろう。日用品づくりの仕事は、短時間で仕上げ、数多くつくれなければ成り立たない。また、手早い仕事から生まれる力強い造形が民藝的な見どころを生むという側面もある。それをふまえると、このシタミは残念ながらまだ民藝と呼ぶにはおよばないという結論になる。

箕？

〝用〟を失っても失いたくない、美しい日本の民藝品

上のちりとりのようなかたちのものを見て「箕《み》」だとわかる人は、いまでは少ないかもしれない。かつて農作業に欠かせない道具として、日本全国の農家で使われていた箕は、農機具の機械化やプラスチック製品の台頭によりどんどん需要が減り、それに比例してつくり手もどんどん減ってしまった。本来農業の道具だから、現代の日常生活のなかではほとんど用途もない。そういう意味では、いまや民藝とはいえないものになってしまっているのかもしれない。

しかし、あえて民藝と呼びたい。それはこの道具が、技術的にも姿かたちにおいても、すぐれた手仕事の編組品とは何かを示す、見本のような存在だから。失うにはあまりにも惜しい、美しい日本の民藝品なのだ。

普通の盆ざる？

実用的な手仕事で耐久性もあるけれどモノとしてはコクがない

竹ひごをござ目編みにし、周囲を籐で巻いたごく普通の盆ざる。実用的なかたちで、ひごや縁巻きもしっかりしていて耐久性があり、価格も１０００円程度と手頃。使うには便利で、実際に自然素材の暮らしの道具を求める人たちの間では人気の台所用品となっている。

もちろん味けないプラスチックのざるよりははるかにいいのだが、モノとして見たときにはどうだろうか。コクがなく、見どころがない。また縁の内側を見ると、針金を入れてあるのがわかる。これは縁を巻きやすくするため全国的におこなわれている処理ではあるが、金属素材は違和感があり、重くもなるのでできれば避けたいもの。

以上をふまえると、民藝とは別のものという結論になる。

伝統的なざる？

伝統をふまえつつ素材の特性も活かした美しい日用品

　写真は岩手県二戸郡の鳥越という地域で古くからつくられてきた鈴竹を用いたざるを、現代のつくり手が製作したもの。縁は竹の皮を表に出したしっかりとした巻き縁で、耐久性は十分。ざる部分も皮を出して編んであるので、水はけもよい。用途を考えたときにポイントとなる部分がきちんとつくられているのだが、それだけでなくなめらかに中央がくぼんだかたちや、模様化された編み目など、ものとしての見どころも備えている。伝統をふまえつつ、しなやかな鈴竹の特性を活かした、美しい民藝品だといえるだろう。

　よい竹製品は、使い込んでいくと年を経るごとに飴色に変化し、その美しさにますます磨きがかかっていく。そんな変化もまた楽しみな一品だ。

【キーワードで読み解く】

民藝と、民藝のかご・ざる

暮らしの道具であると同時に、農業や漁業など仕事の道具として、土地ごとの風土に育まれてきたかごやざる。民藝の眼差しは、それらをどんなふうにとらえてきたのだろう？

01 民藝の編組品

編組品とは、日本ではもっとも多い竹、あけびや山ぶどうに代表される蔓、くるみや山桜に代表される樹皮を三大素材として、ひごをつくり、それを編み組みした製品をさす。それらのかごやざるは、おもに農具や漁具あるいは生活の道具であったり、うつわであったりするわけで、荒物《あらもの》とも呼ばれる。

編組品の歴史は、近年の発見により縄文時代にまでさかのぼることがわかっている。

青森県の三内丸山遺跡で発見された袋状の編組品、通称「縄文ポシェット」は、調査の結果、約5500年前の縄文時代前期中葉頃のものと見られ、ヒバ、スギ、ヒノキ、アスナロなどの針葉樹の樹皮を素材としていることが判明している。なかにはくるみが入っていたそうだが、縄文の人々が、現代の我々とさほど変わらない道具で生活をしていたことにロマンを感じるではないか。

それから現代にいたるまで、編組品はどのように変遷してきたのだろうか。

編組品の代表格である竹を使った製品は、現在も九州をはじめとする西日本で盛んにつくられている。それに対して、真竹の植生の北限が岩手県の一関市周辺とされていることもあり、東北では竹であれば鈴竹や根曲竹、ある

柳宗悦

やなぎ・むねよし（1889—1961）。思想家、美学者。学習院高等科在学中に雑誌『白樺』創刊に参加。東京帝國大学哲学科卒。朝鮮陶磁器との出会いをきっかけに、名もなき職人の手になる民衆の日用品（民衆的工藝）の美しさに開眼。「民藝」という言葉をつくり、民藝運動の創始者に。36年には日本民藝館初代館長となり、その後も展覧会の企画、手仕事調査・蒐集、執筆などの活動を通して民藝の普及・啓発活動を続けた。57年には文化功労者に選ばれた。

いはあけびや山ぶどう、山桜やくるみなどの樹皮が編組品の材料として用いられる。つまり、地域にある材料を工夫して、生活に必要なかごやざるをつくってきたのだ。

　そのことは最近ではあまり見られなくなってしまったが、かつての農具の主役であった箕が、全国的に大きさやかたちは似通っているにもかかわらず、岩手の姉帯《あねたい》ではニギョウ、秋田の角館ではイタヤ、富山の氷見ではフジ、鹿児島の日置では竹の一種であるキンチクと、異なる素材でつくられていることからもわかる。

　地域で採れる材料を使い、最初はもっぱら自家用として製作するのだが、当然ながら集落のなかには上手な人もいれば、下手な人もいる。その差は縁の巻き方や持ち手の丈夫さ、素材のよさを引き出した造形美であったりするのだが、共通しているのは使い勝手や耐久性を重視しながらも、素朴さや豪快さ、つくり手の技量が自然と表出してきたものだということだ。

　そのうち近隣の人々から製作を依頼され、それが生業になり、やがて製品となってほかの地域へと出荷されるようになっていく。編組品づくりはおもに庶民の家内工業から始まっているが、宮城の大和町や千葉の房総半島のように、下級武士の内職から発展していった地域もある。

　竹細工のルーツに関しては異なる説もある。もともと竹にかかわる人々は海洋民族であったといわれ、南方系海洋民を源流とし、古代に南九州にたどり着いて土着民となった隼人《はやと》族により竹細工がもたらされたともいわれる。

　異なる文化、習俗を持ち、また勇敢な民族として知られた隼人族は畿内に対し抵抗したが、ついに7世紀後半、天武天皇により畿内に移住させられ、畿内隼人と呼ばれ、竹細工に従事させられた。奈良、平安時代においては、竹細工の技術や文化は存在していなかったために、彼らの果たした役割は大きかった。そして、ここから竹細工が全国へと広まっていったのである。

　これらの生活の道具のなかから、**柳宗悦**により美を見出されたものが民藝の編組品ということができる。現代の状況に合わせてその条件を挙げると、左のようになる。次項では、さらに民具と民藝について掘り下げたい。

《この本における「民藝の編組品」》

・造形的な美しさ、力強さを持つものであること
・丁寧かつまじめにつくられたものであること
・素材、かたち、技術において土地の暮らしに根ざした地域性を備えていること
・使いやすさ、耐久性を考慮し、よく吟味した素材を用いていること
・実用的な、用に即したつくり、かたちであること
・なるべく廉価であること

02

「民具」と「民藝」

「日本資本主義の父」と称された渋澤榮一の孫、渋澤敬三は戦前、戦後を通して日本銀行総裁、大蔵大臣、国際電信電話株式会社初代社長などを歴任し、日本の経済界に大きな足跡を残したが、もうひとつの民俗学者としての顔はあまり知られていない。

大学在学中から柳田國男らの影響を受け、常民（平民、庶民とほぼ同義）の文化に興味を抱いていた渋澤は、1921（大正10）年に学生時代の仲間とともに、自邸の屋根裏部屋に動物、植物、鉱物、化石などの標本を集め、整理、研究をおこなう「アチック・ミューゼアム・ソサエティ」を立ち上げる。自身の横浜正金銀行ロンドン支店勤務により活動は一時中断されるが、帰国後の1925（大正14）年、名前を「アチック・ミュージアム」とあらため、まずは郷土玩具の収集から再開した。なおこの年は、柳宗悦が濱田庄司、河井寛次郎らとともに、無名の職人たちがつくった民衆的工藝品を「民藝」と命名した年でもある。

郷土玩具に始まり、やがて民俗資料全般をあつかうようになり、それらが渋澤により「民具」と呼ばれるようになったのは、民藝という言葉の誕生から10年後の1935（昭和10）年頃のことだった。アチック・ミュージアムはのちに「日本常民文化研究所」と改

《宮本常一が定義した「民具」の条件》　※『民具学の提唱』より

・民具は人間の手によって，あるいは道具を用いて作られたものであり，動力機械によって作られたものではない。
・民具は民衆が，その生産や生活に必要なものとして作り出したもので，使用者は民衆に限られる。専門職人の高い技術によって作られたものはこれまで普通，工芸品，美術品などといわれ，多くは貴族や支配階級の人びとによって用いられた。これは民具と区別すべきである。
・民具はその製作に多くの手続きをとらない。専門の職人が作るというよりも，素人または農業，林業，漁業などのかたわら製作しているものである。
・民具は人間の手で動かせるものである。
・民具の素材になるものは草木，動物，石，金属，土などで原則としては化学製品は含まない。
・複合加工を含む場合は仕あげをするものが，素人または半玄人であるもの

渋澤榮一
しぶさわ・えいいち（1840—1931）。埼玉県の豪農の家に生まれ、幕末期には尊皇攘夷運動にかかわるが行き詰まり、その後は一橋家および幕府に仕える。1867（慶応3）年にはパリ万博使節団の一員として渡欧し、万博およびヨーロッパ諸国を見聞し、先進諸国の実情に通じる。明治維新後は大蔵省の官僚を経て第一国立銀行（現在のみずほ銀行）の頭取に就任。以後、実業家として500を超える企業の設立に携わった。

渋澤敬三
しぶさわ・けいぞう（1896—1963）。渋澤榮一の長男・篤二の長男。東京帝国大学経済学部を卒業後、横浜正金銀行に入行。その後第一銀行（現在のみずほ銀行）に移り、1942（昭和17）年には日本銀行総裁に就任。戦後は大蔵大臣も務めた。そのいっぽうで民俗学に傾倒し、みずからの研究を続けたほか、多くの研究者を経済的に援助したことでも知られる。

《柳宗悦が定義した「民藝品」の条件》
・実用性…鑑賞のためではなく、実用性を備えていること
・無銘性…無名の職人によってつくられたものであること、名をあげるための仕事ではないこと
・複数性…民衆の需要に応じるため、数多くつくられたものであること
・廉価性…民衆が日用品として購入できる、安価なものであること
・地方性…色、かたち、模様などに土地の暮らしに根ざした地域性があること
・分業性…量産を可能にするため熟練者による共同作業でつくられていること
・伝統性…先人が培ってきた技術や知識の蓄積にのっとっていること
・他力性…個人の力よりも、気候風土や伝統などの他力に支えられていること

称、1972（昭和47）年には神奈川大学に招致され、現在も同大学の研究所として存続している。

民具とは具体的に何をさすのか。渋澤が集め始めた当時、その範囲はきわめて限定的であり、たとえ手づくりであっても職人がつくったものは除外された。しかしその後は、常民の手製による「自製（自給）民具」だけでは生活が成り立たないことから、陶磁器、木器、織物などの「流通（購入）民具」も加えるべきというのが一般的な見解となっている。つまり、日常生活のなかで使われてきた品々の総称として、民具という語は使われるべきだというわけだ。さらに現代においては、条件つきで機械工業製品も民具として認められることがある。

その民具の定義については、渋澤のもとで調査、研究に従事した**宮本常一**の著書『民具学の提唱』に詳しく、「それを誰が使ったかということを明らかにしなければならぬ。貴族の使ったものは民具とは言っていない。次に民具は動かすことができ、持ち運びのできるものでなければならぬ」とある。また渋澤は、「民具は人間の手足の延長として存在するものであって動力機械のように、そのもの自体が動いて作業するものは除外すべきである」としたという。

では、民具と民藝の違いは何か。これについては、『季刊柳田國男研究』のなかに著された農村社会学者の**有賀喜左衛門**の発言がわかりやすい。ちなみに、有賀は一時柳の影響を受け、大学卒業後は柳田の門下になっていたことのある人物でもある。有賀によると、民具も民藝も対象は工藝であり、その見方が前者は民俗学に、後者は美の視点にもとづいている。ただ、対象となる工藝の範囲が、民具は農具や漁具などの生業のためのものも含まれるのに対し、民藝は日用品が中心で、しかも職人の手になるものが多いという。

最後に、学生時代に宮本常一に師事し、有賀と同じように、民具と民藝の双方を知る久野さんにわかりやすく解説してもらった。

「実用品であり、暮らしの道具である点は共通。ただし民藝はそのなかでも、見た目に力のあるもの、美しさにおいてすぐれたものを選びます。編組品であれば、縁や底のつくり、模様の美しさに注目します。その観点があるかどうかが、民具と民藝の違うところ。民藝は民具に含まれると考えていいと思います」

宮本常一
みやもと・つねいち（1907―1981）。民俗学者。山口県生まれ。大阪天王寺師範学校卒業後教職に就くが、1934（昭和9）年から柳田國男、翌年には渋澤敬三に師事して民俗学を学ぶ。アチックミューゼアム研究員としての活動を皮切りに戦前・戦後を通じて日本各地のフィールドワークを続け、膨大な記録を残した。その活動から「旅する巨人」と呼ばれ、記録は『忘れられた日本人』をはじめとする多くの著作にまとめられている。65（昭和40）年には武蔵野美術大学教授に就任し、教鞭を執りながらさらなる調査、執筆活動を続けた。

有賀喜左衛門
あるが・きざえもん（1897―1979）。社会学者。長野県生まれ。東京帝国大学文学部在学中に柳宗悦の影響を受け、朝鮮美術の研究に取り組む。大学院修了後は民俗学者・柳田國男に師事し、社会学者となる。東京教育大学教授、慶応義塾大学教授、日本女子大学学長などを務めた。

03 柳宗悦と民藝のかご・ざる

　柳宗悦が竹の仕事について語った文章がある。そこには、「自然は竹を東洋にだけ恵んだ」、「色の緑が奇麗な上に、油を含んで澤《つや》がある。そうして内からはちきれるような丸さだ」「竹を割ったような人間等ともいうが、竹には何か倫理的なものを貰《もら》う」、「驚嘆すべき生長の速度は、生物界稀《まれ》に見る現象であろう」などといった、竹という素材を称賛する言葉が並ぶ。

　次に竹を使った製品について、

①どこまでも竹の性格を活かしてつくったもの
②一見竹だと思えないまでに工作を加えてつくったもの
③竹に趣味を感じてつくったもの

　という3種に分類している。その分類において、かごやざるなどの編組品は、竹の原型をとどめないほどに細く裂いて織物のように編み込むことから、②の「一見竹だと思えないまでに工作を加えてつくったもの」に該当するとされる。

　またそれは①の仕事にくらべると女性的、人為的であると柳はいう。この人為的なものが度を越したり、技巧に走ったりすると弱々しいものになると警告し、編むもので健全なのはやはり「実用的なもの」だと述べている。そして、「よい竹の仕事を果たすには、なんといっても竹がもっている倫理的性格を知るのが要諦《ようてい》だろう。それを活かしたものは、品物となっても信頼のおける存在だ」といい、「編み方の度が過ぎて技巧を弄《ろう》したようなもの」や「毒々しい色附け」は病人や罪人と呼び、批判している。

　しかし久野さんは、編組品における柳の目利きについて、注釈をはさむ。実際に柳が選び、現在日本民藝館に収蔵されている編組品には、実用品ではなかったものも多いというのだ。たとえば、日本民藝館所蔵の編組品の代表としてよく登場する「筍《たけのこ》かご」。これは実際にタケノコを入れるには小さく、もともとは民具を茶道具にするために、漆をかけたり、泥づけをしたりして、筍かごに見立ててつくられたものであり、実用品ではない。

　これは、柳が実際には実用品かどうかということよりも、ものそのものの美しさを見極めていたということの実例でもある。そして、柳の編組品を見る眼には、本書における民藝の編組品の条件（15頁参照）に挙げた、「造形的な美しさ、力強さを備えているか」「技術的に丁寧につくられているか」などの一貫する「柳好み」があり、柳ならではの見どころをふまえて選んでいることがわかる。久野さん自身も、その柳の眼を基準にものを選んできた

『手仕事の日本』
柳宗悦が1946（昭和21）年に刊行した民藝案内書。柳が戦前の日本を20年近い歳月をかけて訪ね歩き、各地で見つけた手仕事を東北から沖縄まで、地域別に紹介していく。いまでは失われてしまった仕事も多く記録された、日本の手仕事のアーカイヴ的意味合いも持つ一冊。

濱田庄司
はまだ・しょうじ（1894―1978）。柳宗悦の一番の理解者とされた陶芸家。東京高等工業学校卒業後、河井寛次郎とともに京都市立陶磁器試験場に勤務し、釉薬の研究に励む。イギリスでの作陶生活を経て1924（大正13）年に帰国し栃木県の益子に定住。民藝の指導者としても活躍し、55（昭和30）年には「民芸陶器」で人間国宝に指定された。

河井寛次郎
かわい・かんじろう（1890―1966）。陶芸家。東京高等工業学校卒業後、京都市立陶磁器試験場に勤務し、1920（大正9）年に京都・

という。

そんな久野さんが、柳の編組品選びから大きな衝撃を受け、学んだというエピソードを教えてくれた。

長野の戸隠は根曲竹細工の産地として知られ、かつては箕や肥料ふりかごなどの実用的な製品がつくられていた。しかし昭和30年代頃からそれらの需要がなくなったことに加え、スキー客が多く訪れるようになったため、つくられる竹細工はもっぱらかばんかごなどお土産用の製品になっていた。そしてそのなかに、小さな「せっけん入れ」があった。

久野さんもたびたび根曲竹細工を求めて戸隠を訪れており、せっけん入れの存在は知っていたのだが、しょせんお土産用の小ものだとたかをくくり、見向きもしていなかった。ところがあるとき、柳家の食卓の風景を写した写真を見ると、せっけん入れがおしぼり入れとして使われていたのだ。驚いた久野さんは、柳がものの大小によらず、いいものを見出しては用途を与えていたことを知り、小さなものでも手仕事のよさがあるならばそれでいいのではないか、とそれまでよりも寛大な目でものを見ることができるようになったそうだ。

柳の著書**『手仕事の日本』**を見ても、陶磁器や染織品などにくらべると、取り上げられている編組品は決して多くはない。それには、陶磁器における**濱田庄司**や**河井寛次郎**、染織品における**芹沢銈介**や**柳悦孝**のような、柳を支える存在が編組品には少なかったことも関係しているかもしれない。

しかし、編組品を見る際にも、民藝の美を見極める眼差しには通底するものがあり、それは久野さんら後世の民藝を支える人たちにも、しっかりと受け継がれている。

柳宗悦が自宅の食卓でおしぼり入れにしていたものと同じ、根曲竹細工のせっけん入れ。柳はこうした小さな編組品でも、美の基準にかなうものは見逃さなかった。

五条坂に住居と工房を構える。柳宗悦や濱田庄司らとともに民藝運動の指導者として活動し、とくに故郷である島根県の出西窯をはじめとする西日本の窯場に大きな影響を与えた。

芹沢銈介
せりざわ・けいすけ（1895—1984）。染色家。東京高等工業学校図案科卒業。1928（昭和3）年に沖縄の紅型と出会い、染色家となることを決意。紅型や和染の技法から独自の染めに展開し、56（昭和31）年には「型絵染」で人間国宝に指定された。柳を生涯の師とあおぎ、民藝の染織分野で牽引役を務めた。

柳悦孝
やなぎ・よしたか（1911—2003）。染織家。叔父である柳宗悦の勧めで染織家の道へと進み、沖縄で織物を学ぶ。1949（昭和24）年から女子美術大学で教鞭をとり、75（昭和50）～83（昭和58）年には学長も務めた。

民藝の編組品を

【外村吉之介】

とのむら・きちのすけ
（1898―1993）

滋賀県生まれ。関西学院大学神学科卒業。民藝運動家となり、1948（昭和23）年には大原総一郎の意向のもと倉敷民藝館を設立し、初代館長に。53（昭和28）年には倉敷本染手織研究所を設立。民藝の学校として多くのつくり手を育成した。

『民藝の教科書② 染めと織り』の当欄にも登場した外村吉之介は、染織家としての功績がもっとも知られる。また、倉敷民藝館の初代館長を務めるなど、倉敷を拠点に民藝を育てた民藝運動家としての顔も持つ。そしてもうひとつ、かごの熱心な蒐集家としても、知る人ぞ知る存在なのだ。

日常の外村は、食事の時間をとても大切にしていたという。食卓に並ぶうつわにこだわり、プラスチック製品の普及を憂えて、誰もが自分用の漆の汁椀と、陶器や磁器のごはん茶碗を持つことを推奨する「椀碗《わんわん》運動」という活動を展開した。広島の府中でつくられた「めかご」というかごに、おわんを入れて持ち歩いては、講演会などでそういう話をしていたそうだ。

昭和30、40年代、外村は地方へ行くとその土地のさまざまなかごを購入していた。かごの蒐集は地元岡山の長円形の深めのざる「だんがめそうけ」や、「ごはんかご」「果物かご」「魚売かご」といった国内のものだけでなく、アジア、アフリカ、ヨーロッパなど国外のものにもおよび、それらは現在、倉敷民藝館に収蔵されている。そのコレクションは、各地の民藝館のなかでも屈指だそうだ。

外村が志向した美しい暮らしの実践は、もともとは民藝関係者の令嬢たちの手習いの場として設立した「倉敷本染手織研究所」に受け継がれている。糸を染め、紡ぎ、手織りするという染織の基本を学ぶ女性たちのかたわらには、大小さまざまなかたちのかごがそこかしこに置かれている。かごやざるは見るものではなく、使ってこそ価値があるということを教えてくれているようだ。

支えた人たち

【相馬貞三】

そうま・ていぞう
（1908—1989）

青森県生まれ。柳宗悦の『工藝の道』をきっかけに民藝の道へ。1942（昭和17）年の日本民藝協会青森支部の発足の際には会員に。53（昭和28）年、つがる工芸店の前身となる朝書房を開く。編組品を中心に、津軽の手仕事を守り育てた第一人者。

柳宗悦の著書『工藝の道』と出会い、柳および民藝の思想に深く傾倒していった相馬貞三。東京の文化学院在学中に柳と知り合った相馬は、1939（昭和14）年に柳らと沖縄を旅するなど親交を深め、42（昭和17）年には同郷の棟方志功らとともに、日本民藝協会青森支部発足時の会員に名を連ねる。また同年、日本民藝協会理事にも就任している。

　戦後は53（昭和28）年に現在まで続く「つがる工芸店」の母体となる朝書房を開業し、62（昭和37）年には『みちのく民芸』を創刊するなど、実践的な民藝運動家として、地元の手仕事の復興、育成、啓発などに取り組んだ。

　プロデューサーとしての相馬の功績として、津軽こぎんの復興とともに挙げられるのが、あけび蔓細工、山ぶどう細工の改良だ。いずれも元来は山仕事用の背負いかごだったのだが、昭和30年代、使い込むほどに色が変化していく素材としての美しさに着目した相馬がつくり手を指導し、買いものかごへと展開させた。そして、つがる工芸店での販売を通して買いものかごは人気となり、あけび蔓細工、山ぶどう細工の定番となった。青森の編組品がいまに続く礎を築いた人物といえるだろう。

　地元の手仕事を守りたいという強固な意志を持ち、またそれらを紹介する展覧会をひんぱんに開催するなど、熱心な活動を続けてきた相馬だが、これまでその実績が正しく評価されてきたとは言いがたい。東日本大震災の影響もあり、東北の手仕事に注目が集まることも多い昨今だが、長年に渡りその下地を築いてきた相馬の存在を忘れてはならない。

04 箕

箕とは、ちりとりのようなかたちをした農具のこと。奈良県の**唐古・鍵遺跡**で出土していることから、その起源は弥生時代にまでさかのぼるとされる。用途としては、穀物を入れ、両手であおるように揺り動かしながら、手前に実を、前方に殻やごみをふるい分けて集めるのに使われ、弥生時代から現在にいたるまで、ほぼそのままのかたちで使い続けられている。

　また、箕は日本のみならず、インドや中国、朝鮮半島など、広くアジアで使われていたばかりか、18世紀にはヨーロッパへも伝わった。余談だが、1848年にはフランスの画家のミレーが、「箕をふるう人」という絵画の傑作を描いている。

　箕がこれだけ長い歴史を有するのは、農業に欠かせない道具だったからであることはもちろんだが、豊作祈願や、子どもの初誕生を祝う行事、「幸運や金運をかき集める」という縁起物などに用いられるなど、信仰の対象としての側面を持っていたからでもある。文化的にも日本人の暮らしと深く結びついてきたのだ。しかし、農業機械の導入や、地域の行事などに対する関心が薄まってきた昨今において、箕の存在意義は失われつつある。

　箕の面白いところは、長い歴史を通じて、南北に細長い日本の国土のどこでも、そのかたちにほとんど差がないことだ。ただ、日常の道具であるがゆえに、材料には各地域のものが使われる。本書で取り上げている箕を見てみても、ニギョウやフジ、キンチクなどさまざまだ。また、単一の素材で構成されるのではなく、たとえば、日本民藝館に収蔵されている**日置の箕**であれば、本体にキンチクと山桜の皮、枠に山びわの木といったように、複数の素材を組み合わせてつくられている。日々屋外で使用するために、機能性や耐久性が求められることはいうまでもない。全体の形状や、角のディテールなど、ほかには見られない、編組品の集大成ともいえる箕には造形物としての見どころがあふれているのだ。

　ただ残念なことに、**宮城の大和町**などの例外を除いて、箕の技術はほかの製品に転用することが難しい。それゆえ、用を失ってしまった現代においては、いまいるつくり手がいなくなれば、そのまま弥生時代からの歴史が途絶える危険性をはらんでいるのである。

　この失われつつあるすばらしい技術を伝え、新たな用を考えるきっかけにしたいという思いから、本書では積極的に箕を取り上げている。

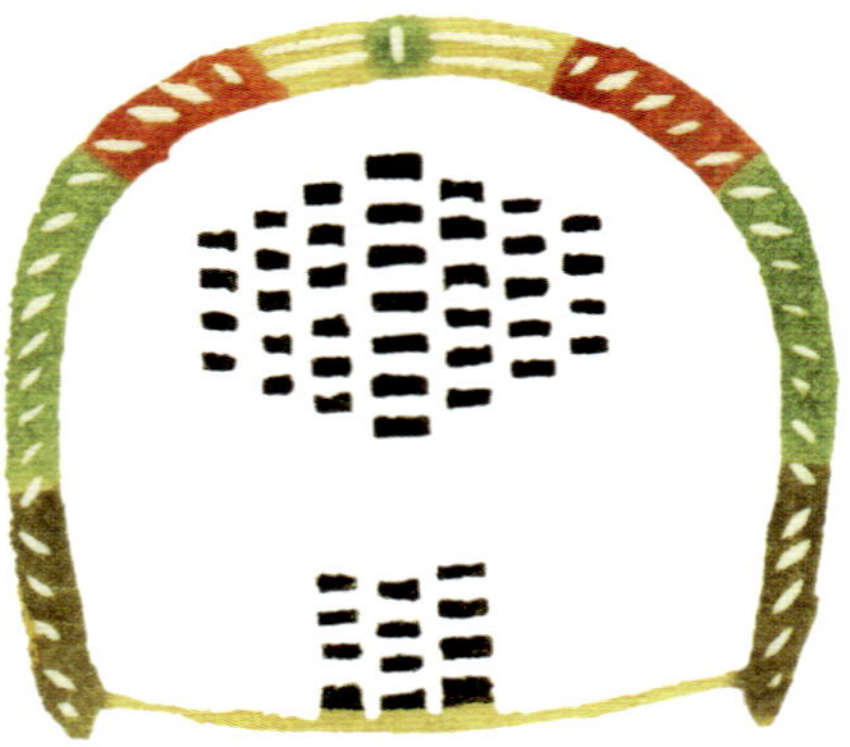

唐古・鍵遺跡
からこ・かぎいせき。奈良県磯城郡田原本町で見つかった、大規模な弥生時代（約2000年前）の環濠集落遺跡。1936（昭和11）年の第一次調査以降、100回を越える発掘調査がおこなわれ、土器、木製品、石器など多数の遺物が出土している。

日置の箕→124頁

宮城の大和町→74頁

05 青物と白物

竹細工は大きく「青物」と「白物」に分けられる。両者の一番の違いは、細工を始める前の竹材の処理にある。

青物細工は、切り出してきた自然のままの竹を用いる。編んだばかりのみずみずしい青さは時間の経過とともに黄金色、飴色へと変化していく。おもには台所で使うざるや、農業や漁業などの仕事の道具としてのかごなどがつくられるが、これらは「荒物」とも呼ばれ、それらをつくる職人はとくに「青物師」と呼ばれる。

いっぽう白物細工は、竹の油を抜いて白っぽくしてから細工を始める。油抜きには、火であぶる方法と、苛性ソーダで煮沸して抜く方法があるが、今日では後者が一般的だ。この白竹を染色したものは、染め物細工といわれる。この白物細工、染め物細工は日用品というよりは、花かごなどのクラフト品や茶器などが多く、価格も総じて高い。別府竹細工がよく知られている。

本書で取り上げる竹細工は、すべて日用品としてつくられた青物細工だ。

06 かごバッグ

現在手仕事の編組品と聞いて、多くの人が最初に思い浮かべるのは、あけびや山ぶどうなどの「かごバッグ」ではないだろうか。近頃では都会で見かける機会も増え、多少値段は張るものの、いつかは手に入れたい一生ものとして、女性のあこがれの的になっている。

しかし、このバッグはもともと伝統的な製品ではない。先に紹介したが、津軽では**相馬貞三**が山仕事用の背負いかごを買いものかごに展開し、秋田の横手では**中川原信一**さんが、きのこの採取や肥料を入れるためのかご「こだし」と、びんを入れて持ち運ぶために手をつけた「びんさげ」の技術を融合させた手さげかごをつくり続けている。こだしもびんさげも、現代ではほとんど必要がなくなってしまった道具だが、そこから生まれた手さげかごは、いまの時代の用にかなっている。

伝統的な技術をその時代の暮らしにあった新しいかたちで残すというのは、いままさに盛んにおこなわれている試みだが、このかごバッグは先人たちによる成功例といえるだろう。

相馬貞三→21頁
中川原信一さん→38頁

全国かござるマップ

本書でご紹介する各地のかご、ざるを地図に重ねて眺めると、東北や高地は細い笹竹系の竹や樹皮、蔓、九州は大型の真竹系、沖縄はバンブー系と、材料と気候の関係がよくわかる。ものを生み出す風土と暮らしに、まずは思いをはせてみよう。

仙北のあけび蔓細工（秋田県）
senboku no akebiduruzaiku → 38頁
地域特産のあけびの蔓を用いた編組品。元は山仕事用の背負いかご、一升びんを運ぶためのびんさげかごなどがつくられていたが、現在は買いものかごが人気。

鳥越の鈴竹細工（岩手県）
torigoe no suzutakezaiku → 58頁
二戸地区の特産品として、かつて柳宗悦も『手仕事の日本』で取り上げた竹細工。鈴竹の細いひごによる繊細な製品が特徴。

面岸のニギョウ箕（岩手県）
omogishi no nigyomi → 64頁
日本中でつくられていた箕のなかでも、唯一ニギョウと呼ばれるサルナシの樹皮を用いたもの。久野さんが探しあてたつくり手、戸部さんが伝統を守る。

角館の樹皮細工（秋田県）
kakunodate no juhizaiku → 45頁
イタヤ細工の本場、角館でイタヤの箕を中心に手がけていた佐藤さんが、現在はイタヤのほかくるみ、山ぶどうなども使い、さまざまな樹皮製品を製作する。

一戸の真竹細工（岩手県）
ichinohe no madakezaiku → 66頁
東北地方ではめずらしい真竹細工。三陸宮古で漁具を中心とする竹細工を学んだ父から技術を受け継いだ上平福也さんが、弟の敬さんとともに一関の真竹を用いて仕事を続ける。

弘前の編組品（青森県）
hirosaki no hensohin → 54頁
岩木山一帯に群生するあけびや山ぶどうを用いた編組品づくりが江戸時代に発展。木型を用いてきっちり編むのが伝統的なスタイル。

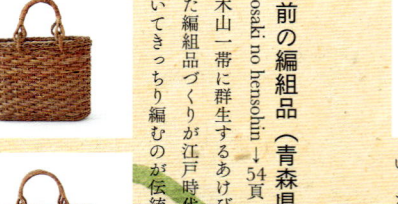

岩木山麓の根曲竹細工（青森県）

iwakisanroku no nemagaridakezaiku →１４１頁

根曲竹でつくられる六つ目編みのかご。りんごの収穫に欠かせないりんごかごや茶碗を入れる碗かごなど、しなやかな竹の特性を活かした用途の製品がつくられている。

温海のあけび蔓細工（山形県）

atsumi no akebidaruzaiku →84頁

地域伝統の「腰テゴ」というかごづくりをきっかけに、独学であけび蔓細工を学んだ本間さん。自分用からスタートし、実用品づくりを続ける力強い女性の仕事。

東蒲原の樹皮細工（新潟県）

higashikanbara no juhizaiku →86頁

失われつつある東北の編組品を、地域伝統の技法に置き換えて製作する江川さん。細い枝を蔓で組んだ地元の伝統農具「メッカイ」は野趣あふれる逸品。

岩出山の篠竹細工（宮城県）

iwadeyama no shinotakezaiku →70頁

江戸時代に岩出山城主が京都から職人を呼び、武士の手仕事に奨励したことが始まりといわれる竹細工。篠竹の細いひごでしっかり編まれた米とぎざるが代表的。

奥会津の編組品（福島県）

okuaidu no hensohin →78頁

農閑期の仕事として山ぶどうやマタタビを用いた編組品づくりの歴史を持つ地で、編組品振興協議会が中心となり、地元の手仕事を奨励、育成している。

房総の竹細工（千葉県）

boso no takezaiku →90頁

房総では農業、漁業ともに盛んで、女竹の産地でもあるという土地柄、竹細工が発達。女竹を用いた多彩なかごのほか、真竹を用いた大きな背負いかごもつくられている。

大和町の篠樺細工（宮城県）

taiwacho no shinokabazaiku →74頁

箕づくりの技術を応用したとされる、桜皮に篠竹を編み込んだかごやざる。豊富な素材を活用してすき間を埋めた工夫から、見た目の美しさも備わった実用品。

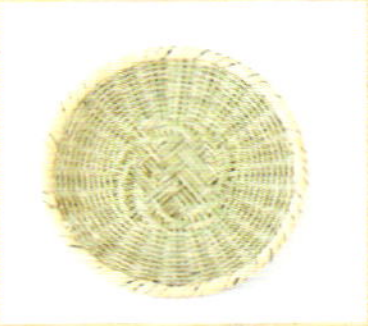

戸隠の根曲竹細工（長野県）

togakushi no nemagaridakezaiku → 96頁

戸隠では農作業用の箕づくりから、根曲竹細工が発達。時代の変遷とともに、昭和30年代からはお土産用の「かごバッグ」や地元名産のそばを盛る「そばざる」が主要な製品に。

氷見のフジ箕（富山県）

himi no fujimi → 102頁

フジの皮と矢竹、桜の皮を組み合わせた地域伝統の箕。農業用の需要が少なくなったいまも、縁起物としての需要に応え、量産されている。

多々良の真竹細工（佐賀県）

tataro no madakezaiku → 106頁

竹細工が盛んだった武雄で、いまや数少ない職人池田さん。角形のかご「角メゴ」、佐賀平野特有の米あげざる「万石ジョウケ」などを手がける。

佐世保の淡竹細工（長崎県）

sasebo no hachikuzaiku → 111頁

祖父が武雄から佐世保に移り住んだため、武雄特有の淡竹を使った竹細工を手がける野田さん。他所の技術も吸収し、実用的な製品をつくる。

河口湖のスズ竹細工（山梨県）

kawaguchiko no suzutakezaiku → 94頁

江戸時代初期から続く、富士山に自生するスズ竹を使ったざるづくり。地域の伝統的特産品として、工芸センターを中心に維持・継承されている。

高千穂のカルイ（宮崎県）

takachiho no karui → 118頁

神話の里・高千穂では、いまも山の暮らしのなかで竹細工が活躍している。とくに「カルイ」と呼ばれる背負いかごは独特なかたちで知られる。この道60年以上という飯干さんの、職人としての気概を感じさせる仕事。

水俣の真竹細工（熊本県）

minamata no madakezaiku
→122頁

商社マンなどの職を経て職人として生きる道を選び、竹細工職人に弟子入りした井上さん。棚田が広がる集落で、日用品づくりに打ち込む。

宮崎の杞柳細工（宮崎県）

miyazaki no kiryuzaiku →116頁

減反政策後の新たな地域産業としてスタート。一度は成功をおさめつつ頓挫した手仕事が、数十年を経て新たな伝統をつくるべく復興を目指す。

薩摩のつづら細工（鹿児島県）

satsuma no tudurazaiku →128頁

地域の山で豊富に採れるつづらを使った、山仕事用の背負いかご「つづらカガイ」。そのかごづくりを母に学んだ下屋敷さんが、伝統を守りつつ、後進育成にもあたる。

薩摩の真竹細工（鹿児島県）

satsuma no madakezaiku →132頁

かつて九州のなかでもとりわけ竹細工が盛んで、多くの職人がいた薩摩半島地域。伝統が衰退するなか、実用品づくりを続ける永倉さん、尾崎さんの真竹の仕事。

日置の箕（鹿児島県）

hioki no mi →124頁

日本民藝館にも収蔵されている、日本を代表する箕。平野さんは、かつて柿の谷という集落で盛んにつくられていた箕づくりの技術を受け継ぐ、ほぼ唯一のつくり手。

沖縄の竹細工（沖縄県）

okinawa no takezaiku →137頁

熱帯地域を原産とするバンブー系の蓬莱竹（ホウライチク）などを用いたティール（かご）やバーキー（ざる）。素材、かたちともに独特な伝統を、数少ない竹細工職人、津嘉山さんが守る。

いまさら聞けない かごとざるのいろは

かわいい暮らしの道具として、とくに女性からの人気が高いかごやざる。ところが〝かわいい〟を生み出すもととなる素材や技術、地域性などの知識にふれる機会は、案外少ないかもしれない。まずはここで、ポイントをおさえておこう。

Qかごとざるってどう違う？

目が詰まっていればかご、粗ければざる、といったイメージで、なんとなく使い分けている人が多そうな「かご」と「ざる」。じつのところ、辞書をひいても〈かご【籠】竹・籐・柳、または針金などを編んで作った入れ物。〉〈ざる【笊】細長くそいだ竹や針金・プラスチックを編んで作った中くぼみの器〉という具合で、違いははっきりしない。ただ、各地の製品を見くらべてみると、目の詰まり具合や全体のかたちと名称との関連性は、さほどないことがわかる。多くの場合、名前の由来になっているのはその用途。浅めで水気の多いものを入れる容器を「ざる」と呼んでかごと区別するくらいで、あとは「りんごかご」「びわ入れかご」など、用途で細分化されている。だから名前に注目すると本来の用途、そしてその用途の道具を必要とした地域の暮らしが見えてきて、とても面白い。その意味で、かござるの区別はともかく、製品の名前は要チェックだ。

◎名前でわかる、かご・ざるの用途

宮城・大和町でつくられている篠竹と桜皮を使った「肥料ふりかご」。名前の通り、もともとは畑で肥料をまくときに肥料の容器として使われていたもの。

千葉・房総でつくられている真竹の「びわ入れかご」。名前の通り、ひもを通して腰にさげ、収穫したびわなどの果物を入れる用途に使われてきたもの。

青森・岩木山麓地域でつくられている根曲竹の「りんごかご」。入れたものに傷をつけない根曲竹のしなやかさを活かし、りんごの収穫用にいまも使われている。

佐賀・武雄でつくられている真竹の「芋洗いチャブレ」。「チャブレ」は方言で茶碗の水切りかごのこと。「芋洗い」は野菜を洗うという用途をあらわす。

Q 編み方の種類が知りたい！

@かご・ざるの基本的な構造

ひと口に「かご」「ざる」といっても、多くの製品を見くらべていくと、いろいろな編み目のバリエーションがあることに気づく。ひとつの製品のなかで、底と側面に違う技法が用いられている場合も多い。それらは用途に合わせた実用的な選択であると同時に、かたちや模様の美しさを生み、モノとしての見どころにもなっている。

かご・ざるに共通する構造は下の図の通りで、底、腰、胴、縁からなる本体を基本とし、必要に応じて手がつけられる。そしてこの要素それぞれに、定番的な技法がある。そうした技法が見分けられると、見る楽しさも使う楽しさも、格段にアップする。要素ごとに確認していこう。

縁
縁まわりの部分。この部分の仕上げ方は製品の耐久性を決める重要なポイントでもある。

胴
側面部分。シンプルなござ目編み（31頁参照）が一番多いが、同じござ目編みでも縦ひごの本数などに地域ごと、つくり手ごとの違いがあらわれる。

腰
底から胴へ立ち上がる部分。つくり手の技術が問われるポイントでもある。

底
かごやざるは、通常底から編み始める。竹細工の場合、底の内側には水をはじき、汚れもしみ込みにくい表皮が使われることが多い。

力竹
「ちからだけ」と読む。竹細工で大ぶりなかごや重いものを入れる用途のかごをつくるときに、底面に補強としてつける。

おもな底編みの種類

四つ目底

織物でいう平織の要領で編む「四つ目編み」の底。底を四つ目編みにする場合、水切れなどを考慮してすき間をあけてあることが多い。

いかだ底

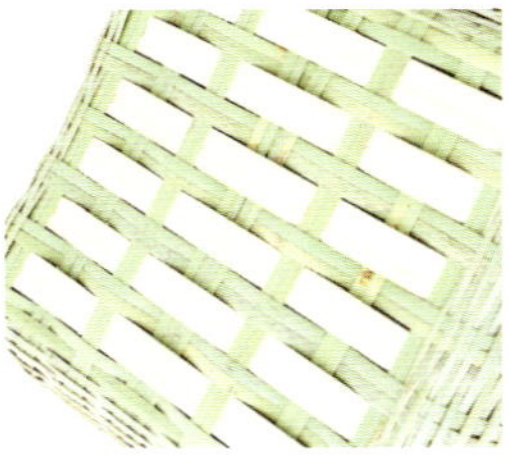

四つ目底の応用で、底当て竹で編み目のすき間をつぶす技法。平らな底がつくりやすく強度も増すことから、四角い底に多用される。

菊底

縦ひごを放射状に並べ、底回し竹を編み込んでいく技法。円形のものによく使われる技法のひとつで、底のほか円形のふたにも使われる。

六つ目底

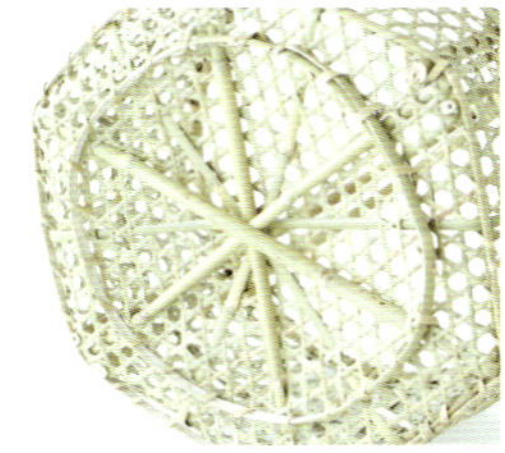

六角形の編み目を特徴とする「六つ目編み」の底。すき間が多いので、写真のように外から補強材を当てて強度を高めている場合が多い。

あじろ底

四つ目編みと似ているが、密に編み、縦横を交差させる規則性を少し変えて模様を出す「あじろ編み」の底。写真は「四目飛びあじろ」。

ござ目（ざる目）底

見た目がござに似ていることから名前がついた、ござ目編み（ざる目編みとも）の底。浅いざるなどを中心に、もっとも多い底のひとつ。

おもな縁仕上げの種類

野田口（ササラ）仕上げ

内外2枚の縁を当てて仕上げる「当て縁仕上げ」の方法のひとつ。縁を当てたあと、テープ状の竹や蔓で縁をしばって固定する。

巻き縁（巻き口仕上げ）

「当て縁仕上げ」の方法のひとつ。縁を当てたあと、縁巻き用の竹などで当て縁を巻き込んで仕上げる。全国的によく使われる方法。

二重巻き縁（二重縁）

「巻き縁」の上からさらに縁を逆方向に巻いて、丈夫に仕上げる方法。大型のかごなど、より丈夫であることが必要なものに用いられる。

流し止め

「共縁仕上げ」の方法のひとつ。縦ひごを1～2本先の縦ひごにからめ、縁の内側で同じ方向へ流すように納める。蔓や樹皮の製品に多い方法。

えび止め

胴を編んだひごでそのまま縁を仕上げる「共縁仕上げ」の方法のひとつ。縦材を縁に添えた芯に巻きつけ、胴の内側に次々に入れ込んで隠す。

じゃばら巻き（矢筈《やはず》巻き）

「巻き縁」の応用で、縁巻き用の竹や蔓を規則的に通して矢羽根模様をつくる技法。縁の強度を高めるとともに、模様の美しさも加わる。

※同じ技法であっても実際には地域ごとにさまざまな呼び名で呼ばれていますが、ここではもっとも一般的な名称を紹介しています。

おもな胴編みの種類

ござ目（ざる目）編み

もっともオーソドックスな技法のひとつ。平らなざるから四角形や円形、筒形のかごまで、かたちを問わず幅広く使われている。

飛びござ目編み（すくい編み）

ござ目編みの応用で、縦横の上下入れ替えを2目ごとにし、かつ1段ごとにずらしていくことで斜めに模様の流れをつくる編み方。

菱四つ目編み

底を四つ目編みで編んだあと、別のひごを加えず底を編んでいたひごを持ち上げて交差させ、四つ目編みをする。そのため模様が斜めになる。

六つ目（かご目）編み

四つ目編みと並ぶ定番技法のひとつ。この編み方のかごは四つ目編みのかごとともに「目かご」「めご」などと呼ばれる実用品の代表格。

麻の葉編み

六つ目編みの斜めの縦ひごを縁で折り返し、再度編み目に通して目をつぶす技法。根曲竹のようにしなやかな素材ならではの技法でもある。

あじろ編み

いわゆる「あじろ模様」が出る技法。交差させる本数や方向を変えることでいろいろな模様が生まれるため、非常にアレンジの幅が広い。

縄編み

2〜5本の横ひごを縦ひごにからめながら縄のように編む技法。部分的な飾りとして用いられることが多い。写真は横ひご3本の3本縄編み。

寄せ編み（こだし編み）

一定の間隔をあけて2本の横ひごで縄編みを編む蔓系かごの定番技法。こだし（背負いかご）の編み方だったことから「こだし編み」とも。

松葉編み

縄編みを応用した技法で、横ひごの上斜め向きの目と下斜め向きの目が上下に並び、それが規則的に続いて松葉を敷き詰めたように見える。

おもな手の種類

挿し手

本体に合わせて曲げた手を胴の編み目に深く差し込むとともに、縁に手から貫通する穴をあけ、ビョウくぎで止める方法。

曲げ手

本体に合わせて曲げた手を、縁や胴に籐や薄くそいだ竹でくくりつける方法。手は根曲竹や鈴竹など細いものであればそのまま使う。

縄手

手にするひごや蔓を本体の縁に通して折り返し、二つ折りの状態になったものをより合わせてまとめる方法。蔓や樹皮のかごに多く用いられる。

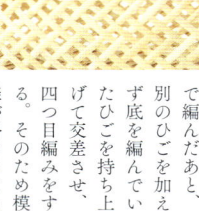

Q どんな素材が使われてるの？

日本のかご・ざるの素材として、まず外せないのは竹だろう。実際、1日で1メートル伸びることもあるという旺盛な成長力、しなやかで丈夫、かつ裂きやすいといった加工上の適性を備えていることなどにより、竹は古くから道具づくりの主要材料として日本の暮らしを支えてきた。

　その背景には、室町時代、茶道の隆盛とともに竹工芸が発展し、竹林の造成が進んだことで材料の入手がますます容易になったことがある。東南アジア原産で日本が栽培の北限、アジアに世界の竹林面積の8割もが集中しているといわれる竹は、日本の風土に適した有用植物としてその活躍の場を広げてきた。

　しかし編組品の素材として、竹に劣らず古くから使われてきたのが、樹皮や植物の蔓。現在日本最古の竹製品とされているのは青森県の是川《これかわ》遺跡から出土した縄文時代晩期（3000〜2300年前）の籃胎《らんたい》漆器（竹を編み漆をかけたもの）だが、佐賀県の東《とう》名《みょう》遺跡からは縄文時代早期（約7000年前）の木製編みかごが大量に出土し、これが日本最古の編組品とされている。ちなみに現在おこなわれている編み方のほとんどは、縄文時代にはすでに出そろっていたという。

　材料は竹、樹皮（および幹）、蔓など地域ごとの身近なもの。それを活かして必要な道具を編む・組む営みが、何千年も続けられてきたのだ。

◎かご・ざるの代表的素材

竹

竹細工に使われる竹は、稈（かん）が太く大型の真竹系と、稈が細い笹竹系に大別される。真竹系はおもにマダケ、ハチク、モウソウチクで、真竹系の竹細工はとくに九州で発展した。これは真竹系の栽培北限が一関（岩手県南部）とされるように温暖な地域が中心で、かつ南へいくほど粘りのある良材が得られるため。一方笹竹系はスズタケ（シノタケ）、ネマガリダケなどで、真竹系が少ない東北地方や高地などで使われている。

樹皮

樹皮が使われる地域は、ほぼ東北地方に限定される。大ものづくりに使える真竹系の竹が少ないため、強度が高く、調達も容易な竹に代わる素材として、身近な森から得られる樹皮が選ばれたようだ。とはいえ編み組みに使えるしなやかさを持つ樹種は多くなく、クルミ、サルナシ、イタヤカエデ（おもに幹を使う）、ヤマザクラ、シナなど。樹皮をはがし、乾燥し、編む前に水に浸し、とあつかいに手間がかかるのも特徴。

蔓

蔓も樹皮と同様、真竹系の竹が少ない地域で使われてきた素材で、アケビ、ヤマブドウ（蔓の皮を使う）、マタタビ、オオツヅラフジ、コリヤナギなどがある。久野さんによると、アケビやヤマブドウでもともと道具づくりをしていたのは秋田、山形の山間部くらいで、現在おこなわれているようなかごバッグを中心とする蔓細工は、多くが明治時代以降、西洋の編組品を参考に公的な殖産事業として発展したものではないかとのこと。

おもなかご・ざるの材料

マダケ（真竹）

イネ科マダケ属。高さ15mにもなる大型の竹で、弾力や強度にすぐれ竹細工に一番よく使われる。タケノコが苦いためニガタケ（苦竹）とも。

ハチク（淡竹）

イネ科マダケ属。稈は高さ10～15m、直径3～10cm。表面に白い粉がつくことからハクチク（白竹）→ハチクとなった。タケノコは食用。

メダケ（女竹）

イネ科メダケ属。笹の仲間だが稈は高さ3～8m、直径2～3cmにもなる。真竹系と笹竹系の中間的存在として、竹細工にもよく使われる。

ネマガリダケ（根曲竹）

イネ科クマザサ属。稈の高さは2～3m、直径は2cmほどになる。名前は地表近くで稈が曲がって生えることから。稈は粘りがあり強靭。

スズタケ（鈴竹・篶竹・篠竹）

イネ科クマザサ属。稈の高さは2～3m、直径は太くても1cm程度。稈が長いハカマにおおわれている。岩手県鳥越地区などの伝統的素材。

マタタビ

マタタビ科の蔓性落葉低木。ネコ科の動物が好む独特な香りを持つ。表皮をはぎ、太さに応じて細く割いた蔓を編組品の材料とする。

ヤマブドウ

ブドウ科の蔓性落葉低木。果実は食用とされ、強靭な蔓の皮は編組品の材料となる。加工に手間がかかるが編むのは比較的容易とされる。

アケビ

アケビ科の蔓性落葉低木。果実や新芽が食用とされ、蔓は編組品の材料となる。蔓はかたく丈夫な半面、編むには高い技術と力が必要とされる。

サルナシ

マタタビ科の蔓性落葉低木。ニギョウ、コクワとも呼ばれる。キウイに似た果実は食用とされ、樹皮は箕をはじめとする編組品の材料となる。

ヤマザクラ

バラ科の落葉広葉樹。この皮を茶筒などの表面にはった秋田・角館の樺細工が有名だが、細く割いた樹皮は編組品の材料としても使われる。

イタヤカエデ

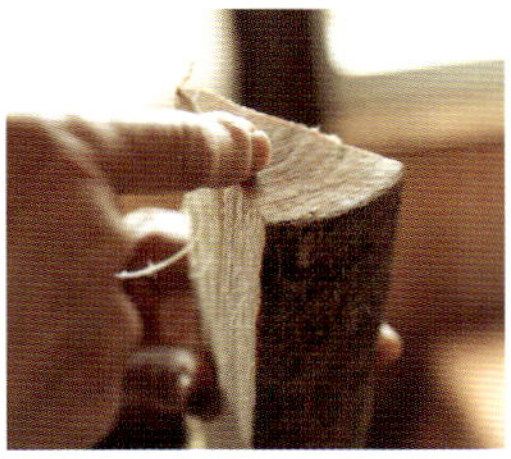

カエデ科の落葉高木。イタヤ細工の材料。年輪に沿って細く裂いてひごをつくる。樹皮の色が残る皮に近い部分はとくに貴重とされる。

コリヤナギ

ヤナギ科の落葉低木。古くから日本各地で栽培され、行李（こうり）の材料とされたことからコリヤナギという名前がついた。杞柳細工の材料。

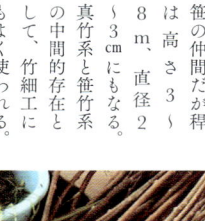

Q 定番のかたちってどんなもの？

現代では、かごやざるというとものを収納して室内に置いておくためのアイテム、というイメージが強いかもしれない。でも、もともとは収穫物や商品、道具を運んだりさげておいたり、ものを洗い、水切りしたり干したりと、〝使う〟ための道具であり、かたちのバリエーションにも用途が反映されている。

久野さんによると、民具としてのかご類のもっとも基本的なかたちは背負いかごで、それを小さくしたものが腰にさげる腰かごとなり、さらに用途に応じた大きさ、かたちに展開していったと考えることができるという。それをふまえて、ここでは用途・使い方で分類し、特徴的なかたちをご紹介しよう。

背負う

下のリュックサックのようなかたちのほか、直径、高さともに50㎝ほどもある左のかごのように、大型・円形のものもある。大型の背負いかごは、大量の収穫物があって初めて必要になる。つまり農業を基盤とした生活体系の発達とともに生まれたといえる。また大ものづくりには真竹系の材料と高度な技術を要するため、竹細工の専業化を促したのも大型の背負いかごだった。

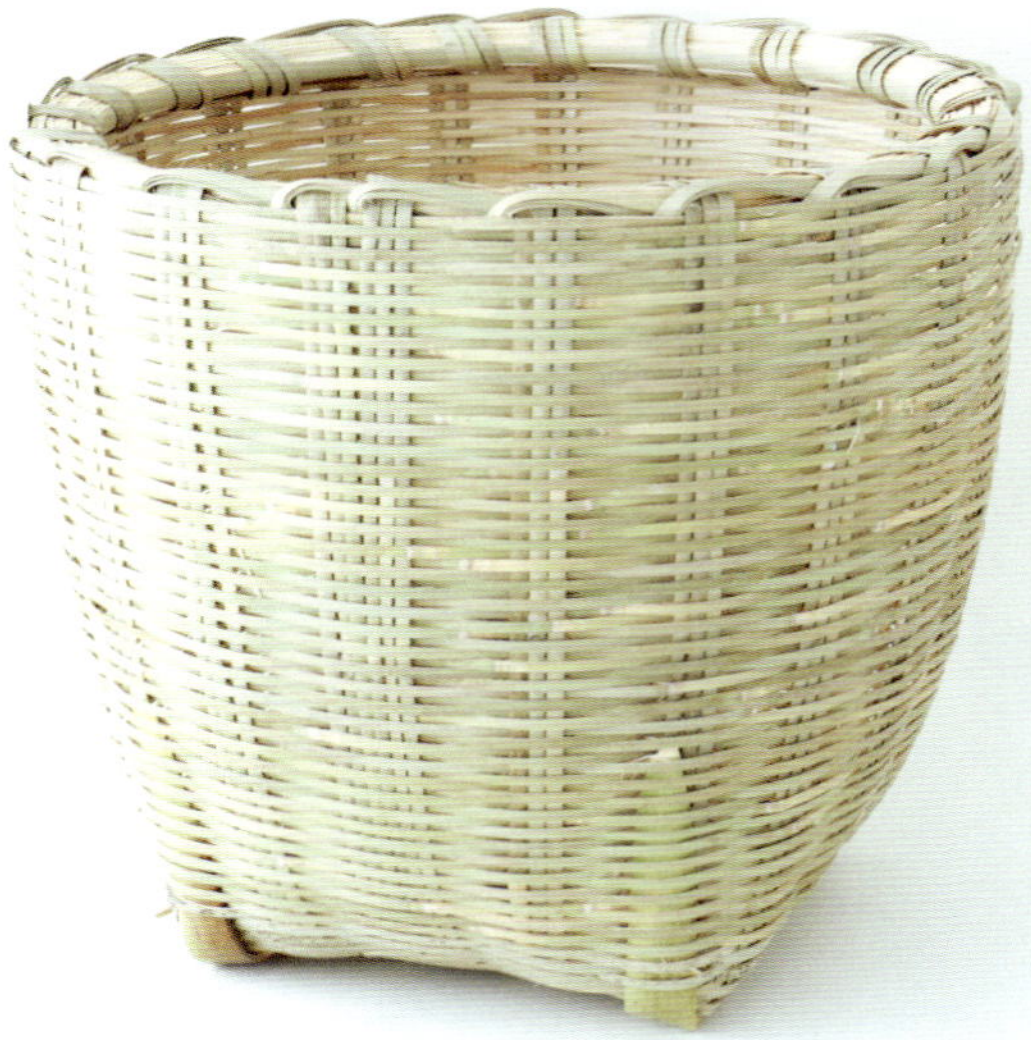

腰にさげる

小型で深さのあるかたちが多い。ひもを通せるよう縁の下にすき間があったり、ひも通し用の耳がついていたりする。

干す・水を切る

食料を保存のために干したり、水切りする際に使う。入れたものが重ならないよう、円形で深さのないものが多い。

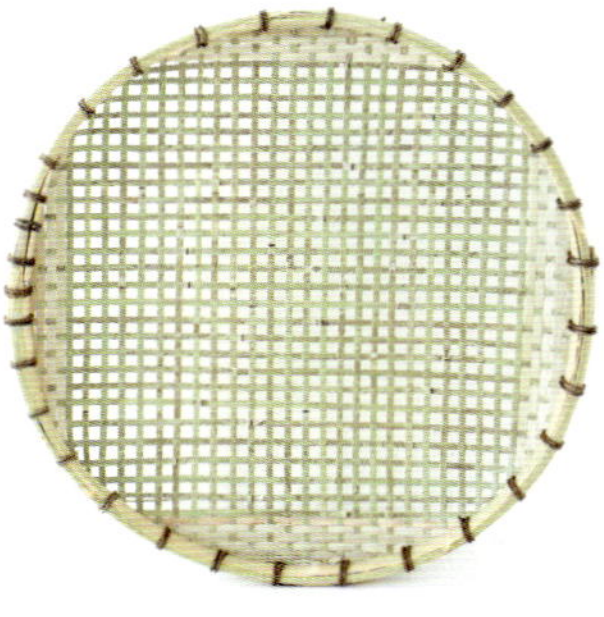

米をとぐ

日本人の主食、米の調理に欠かせない道具。目が詰まっていて深さがあり、水がきちんと切れるよう、底に丸みがついていたり、排水用の口がついていたりする。これを小さくすると味噌こしに。

ぶらさげる

ぶらさげるための手つきのかご。右上のりんごかごのように収穫物を入れるかごは、果樹栽培の発達とともに登場。右下のびんさげかご（一升びんを持参して酒や醤油を買いに行くときに使われていた）のような日用品から、左のイネテゴ（天秤棒の両端にぶらさげるための長い手つきかご。元来は田植え前の稲の苗、のちには花の行商などに使われた）のような仕事の道具まで、種類豊富。

米をふるう

米などの収穫物をふるい、ゴミを除く箕。ふるう作業と移し替えを容易にする、合理的なかたち。

魚を入れる

獲った魚を入れる「びく」は、その用途から立体的、特徴的な形状になり、編組品のなかでも造形的な見どころが多い。

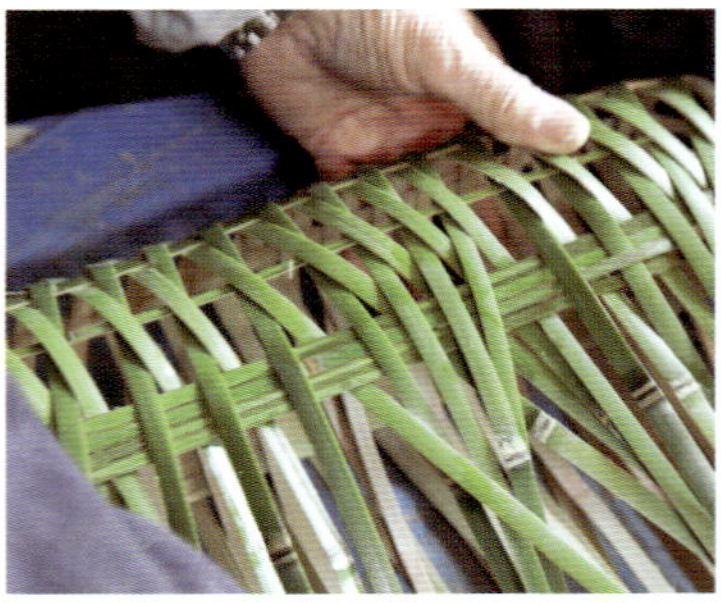

2時間目

いまの民藝を探しに行こう

産地を訪ねて、かごとざるを知る

山へ材料を採りに行く場面を取材するには、
たとえば東北であれば、雪解けを待たねばならない。
そして山へ入れば、いくら大丈夫と言われても
クマへの不安がぬぐえない（笑）。
もしかしたら、早く目覚めるクマがいるかもしれないではないか。
慣れない山道で体力を消耗しきった身では、
きっと逃げることもかなわないだろう……
なんてことを考えながらこまめにシャッターを切る。

山で採取してきた材料から、

細工をするための「ひご」をつくる過程では、
それだけで一日仕事になることも。
製品をつくり始めても、底から腰、胴の部分を編み、
縁を巻き、手をつけて……
ここまでを一日でこなすのは、なかなか難しい。
結果、再びおじゃますることになるつくり手も少なくなかった。
ほんとうにお世話になりました。

しかしそうすることで、最初は聞き取りにくかった
方言がわかるようになり、
材料や技術のことからその土地の歴史などまで、
深く知ることができるようになっていった。

誌面を通してそうした臨場感が伝われば、幸いです。

01

秋田県横手市

型を使うことなく
三つ葉あけびの
色艶、弾力性を引き出す

仙《せん》北《ぼく》の あけび蔓《つる》細《ざい》工《く》

「びんさげ」の持ち手の技術を転用した「手さげかご」を製作中。

美しいかごは素材づくりの手間ひまから

柳宗悦は著書『手仕事の日本』において、横手のあけびかご（こだし）について、「形になかなか力があります」と褒めているが、この伝統をいまに伝えるつくり手が、中川原信一さんだ。色、艶、造形美と、どれをとっても中川原さんのあけび蔓細工はひと味違う。その理由のひとつには、あけびのなかでも弾力性に富む「三つ葉」を使っていることがある。あけび蔓細工は素材の魅力がダイレクトに伝わるものだけに、材料選びが重要なのだ。そして、名人として知られた父・十郎さんの隣でつくりを見て、学んだ中川原さんの技術力が、素材の持ち味を引き出し、美しい製品をかたちづくっていく。しかし、製品が放つ魅力の一番の理由は、父の教えを素直に吸収し、誠実に製作に取り組んできた彼の人柄にあるようにも思える。中川原さんに一度でも会ったことのある人なら、誰もが納得することだろう。

一般的に、編組品は材料の準備に時間がかかるのだが、そのなかでもあけび蔓はとりわけ手間がかかる。今回あけび蔓の採取から同行させていただき、そのことをあらためて実感した。

行き先は奥羽山脈のふもと。車を降り、あけび蔓が群生するポイントを目指す。群生する場所は傾斜地よりも平地、窪地が多く、なかでも地面をはう蔓のほうが、湿気を含み、太さもほどよい。日当たりがいい場所の蔓はかたいためあつかいづらいのだとか。採取の時期は、9月から雪の降り始める頃まで。この期間にのべ30日ほど山へ通い、春に芽吹き、7月下旬にかけて成長した蔓を採る。自然が相手だけに、気候条件などにより豊作、不作の年がある。

こうして集められたあけび蔓は、葉っぱをとり、晴天の日を見計らって約1週間屋根の上に干す。さらに2、3カ月、つるした状態で自然乾燥させると、ようやく使える状態になる。多少変色することはあるものの、乾燥の時間が長くなるのは問題ではなく、作業の前に水をつければまたやわらかくなるのだそうだ。

居間の一角が中川原信一さんの作業場。太い蔓は手さげかご、細い蔓は小ものといったように、蔓を見ながら頭のなかで設計図を描くという。

「こだし」と「びんさげ」の融合で誕生した「手さげかご」

中川原さんは、小さいかごからマガジンラック、脱衣かごなどまであらゆるものをつくるのだが、父の代からいまも変わらずに人気なのが、「手さげかご」だ。この手さげ、本体も手もあけびなのだが、同じ素材同士を取りつけるのは技術的に容易ではない。伝統の技を、現代の暮らしに転用させることで実現したのだ。

手さげかごの原型となったのが「こだし」と「びんさげ」。こだしは採ったきのこや肥料の容器として用いる農作業用のかごで、おもに背負ったり、

『手仕事の日本』→18頁

技を見る

良材の確保が始めの一歩
あけび蔓の採取からひごづくりまで

あけび蔓の採取場所は、車で15分ほどの奥羽山脈のふもと。

↓

山のなかではクマよりもむしろスズメバチのほうが危険なので、入山の際には完全防備で臨む。

↓

みずから山へ入り材料を確保するため、どのあたりにどんな蔓があるかは把握している。採る場所は毎年ほとんど変わらないという。

←

地面をはうあけび蔓を採るため、腰をかがめての重労働となる。

↑

一定の量が集まったら、8の字の束にまとめる。ひと束を集めるのに40分から1時間ほどかかる。太さにもよるが、ひと束で1尺の手さげかご1個半分の材料になる。

↑

一度入山したらあけび蔓の植生の状況にもよるが、10束くらいは集める。

ようやく採取を終え持ち帰ったあとも、葉っぱをとったり乾燥させたりと、
ひごになるまでにはまだまだ手間と時間がかかる。

作業前には編みやすいように、蔓を水に浸してやわらかく戻す。

屋根の上にあけび蔓を並べる。1週間ほど干したあと、さらに2、3カ月、
つるした状態で自然乾燥させる。

自宅での乾燥作業。奥さまとの連携であけび蔓を屋根に上げる。10月中旬頃ま
では晴天の日の日中を利用し、屋根の上に干して乾燥させる。

技を見る

「こだし」と「びんさげ」の技術を活かした手さげかごづくり

ござ目編みの底から編み始める。ものさしは長さを測るだけでなく、底をおさえるときにも使う。つくっているのは9寸（約27cm）の手さげかご。

こだし編みで胴を編む。かごの大きさは、底の長さを決めるとその長さとのバランスと蔓の太さにより奥行きが決まり、底面に準じて高さが決まる。

縁巻き用の蔓をつくる。水に浸してやわらかくした蔓の先端をはさみで切り、歯で2本に裂く。断面がかまぼこ型になり編みやすく、ほどけにくい。

裂いた蔓で縁の部分を編んでいく。穴が小さいときは、蔓が引っかからないようにキリで穴を大きくすることも。

手の芯になる蔓をつけ、針金を巻き半月ほどおく。芯が乾燥する前に巻き始めると巻いた蔓がゆるんだり、すき間ができたりしてしまうのだという。

芯巻きにも縁と同じく2本に裂いた蔓を使うが、巻く際にかかる負荷が大きく、手は使用時に傷みやすい部分でもあるので、一番丈夫な材料を選ぶ。

針金をはずしながら、蔓を巻いていく。

巻き終えた蔓の端は、はずれないように折り返して巻いた部分に差し込んで固定する。

できあがり。

(右)「こだし」の縁を巻いている。本体は「こだし編み」、縁は一般的に「じゃばら巻き」「矢筈巻き」などと呼ばれる。
(左)「びんさげ」の持ち手を取りつけ中。持ち手の芯となる蔓を針金で固定し、20日ほど乾燥させたあと、針金をはずしながら縦半分に裂いた蔓で巻いていく。

腰にさげたりして使うので、もともとは縁に縄を通すための輪がついているだけだった。いっぽう、びんさげは東北ならではの暮らしの必需品としてつくられてきた。粘性に富んだ陶土が少なく、冬場の水挽きの際に水が凍ってしまう東北では、陶磁器づくりが困難だったためガラスのびんが貴重な容器となっていた。このびんに醤油や酒を入れて運ぶ際、運びやすいよう一升びんに寸法を合わせてつくられたのが、手つきのびんさげだった。そしてこのふたつの伝統的製品から、こだしの胴とびんさげの手を融合させることで、「手さげかご」は誕生したのだ。

三つ葉か五葉《ごよう》か 型を使うか使わないか

あけび蔓細工の製作においては、材料が五葉か三つ葉か、型を使うか使わないか、といった違いがある。中川原さんによると、その差は地域で採れる材料と伝統の製法による。その条件から、中川原さんは三つ葉で、型を使わずに編む。さらに同じ三つ葉でも、雪が降るところと降らないところでは性質が異なるそうだ。秋田県内でも中川

五葉か三つ葉

アケビ科の蔓性落葉低木であるアケビには、小葉が5枚のアケビ、3枚のミツバアケビ、アケビとミツバアケビの交雑種とされるゴヨウアケビなどの種類がある。このなかで、ミツバアケビはとくに寒冷地に多い。

編む準備が整った三つ葉あけびの蔓。

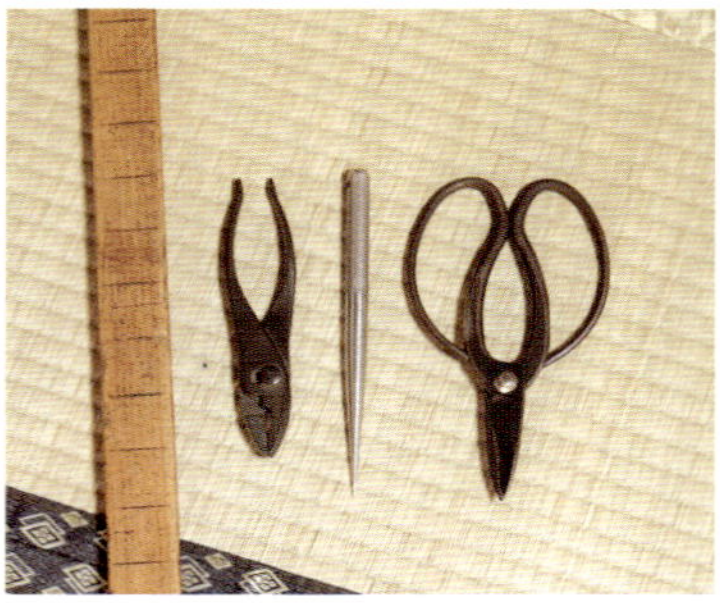

中川原さんが使用する道具はこれだけ。右からはさみ、キリ、ペンチ、ものさし。

びんさげに一升びんを入れてもらった。胴にはびんがぴったり納まり、手はびんの高さに合わせてつくられていることがわかる。

原さんの住む横手が内陸で雪が多いのに対し、日本海側はほとんど降らない。雪が降る場所に生える三つ葉のほうが、やわらかくて粘り強く、簡単には折れないため細工がしやすい。三つ葉と五葉の違いを、久野さんはこう語る。

「三つ葉と五葉は見た目も少し違う。また、三つ葉のほうが弾力や丈夫さなにおいてすぐれている。そのぶん素材のあつかいは難しいし、とくに中川原さんは型を使わないので技術も必要となるが、型ではつくることができない丸型を基本とした製品はたわわで弾けんばかりの生命力に満ちています」

本体、縁、手の部分ごとに適切な蔓を選び、必要に応じて乾燥に時間をかけるなど、つくりにもこまやかな配慮が見られる。こうして生まれたものだからこそ、長く使え、しかも使い込むほどに風合いが増していくのだろう。

《訪ねたつくり手》

中川原信一（なかがわら・しんいち）

父・十郎の跡を継いだ2代目。あけび蔓細工もさることながら、歌声もすばらしく、とくに仙北地方の民謡「仙北荷方節」にのせた掛唄の腕前は趣味の域を越えていると評判。

（問）もやい工藝　0467-55-1822

見て学ぶ

父譲りの技術を駆使した中川原さんの端正なかごづくり

びんさげ（φ 23.5 × H18cm ※手を含めるとH36cm）17850円

尺1寸手さげ（W38 × D22 × H24cm）25200円

こだし（W54 × D25.5 × H35cm）58800円

丸平かご〈小〉（W32 × D24 × H9cm）17640円

特大丸かご（φ 48 × H29.5 cm）58800円

手つき丸かご（φ 23.5 × H18cm※手を含めるとH36cm）24150円

02

秋田県仙北市

イタヤ細工の技術と
新たな素材を活かし
未来の伝統をつくる

角館《かくのだて》の
樹《じゅ》皮《ひ》細《ざい》工《く》

くるみの手さげかごを製作中の本庄あずささん。

若き女性職人の手が伝統を後世につなぐ

200年以上前から農家の炉端の手仕事として受け継がれてきたイタヤ細工。材料はイタヤカエデの若い幹を鉈《なた》で割り、帯状に裂いて、かたちをそろえたひごを用いる。イタヤカエデならではの身の部分の清らかな白さが特徴だ。製品としては、穀物と籾殻をふり分けるのに必要な「箕」や、畑でまく種や収穫物を入れるための腰からさげるかご「かっこべ」などの農具がかつては中心だったが、近年では、「手さげかご」や「弁当かご」などの生活道具、「イタヤ馬」「イタヤ狐」などの玩具も人気だ。

このイタヤ細工が盛んなのが、秋田県仙北市角館町。「みちのくの小京都」とも称される角館は、武家屋敷と桜並木が続く美しい城下町としても有名だ。その一角にある青柳家の敷地内の秋田郷土館に、やわらかく白い指先を小刻みに動かしながら、イタヤ細工の実演をする若い女性の姿があった。名前は本庄あずささん。高校を卒業してまもなく、みずからの意志で角館イタヤ工芸を営む叔父、叔母のもとで、編み組みの仕事を始めた。今年でキャリアは13年目になる。

子どもの頃から叔父夫妻のかたわらで仕事を見ていたあずささんは、自然とものづくりに興味を覚え、興味はやがて叔母へのあこがれへと変わっていった。生来の真面目さ、ひたむきさも手伝い、「いい仕事ができるようになってきた」と久野さんも喜ぶ。また自身も、丹念に緻密に編み込んでいくことに喜びを感じているという。後継者不足に悩む産地が多いなか、ここはひとまず安泰といえそうだ。

放射状の8等分に裂いたイタヤカエデ。これを年輪に沿ってさらに薄く裂いてひごをつくる。

イタヤカエデからくるみ、山ぶどうまで

あずささんの生き方に大きな影響を与えた叔父の佐藤定雄さん、叔母の智香さんの仕事を紹介したい。

久野さんとのつき合いが始まったのは、もう20年以上前のこと。たまたま立ち寄った土産もの屋で、実演販売をしていた夫妻に出会ったのがきっかけだった。店の壁にかかっていた「イタヤ箕」の材料の選び方、縁の巻き方に

技を見る

全身を駆使して豪快に イタヤカエデのひごづくり

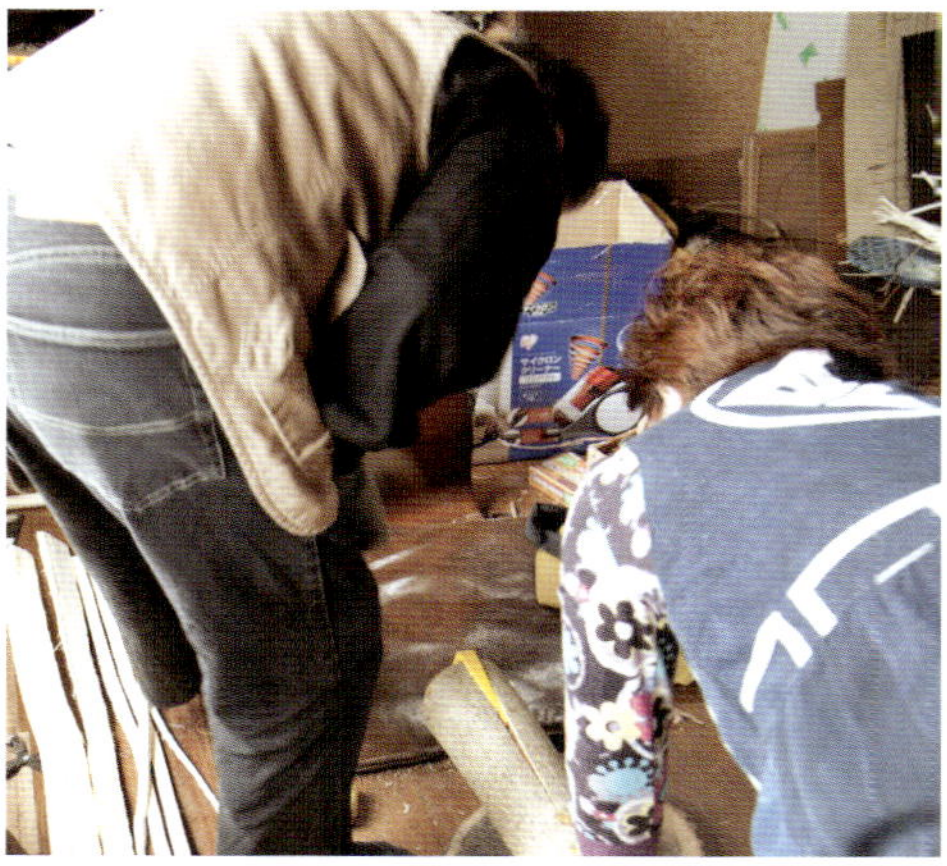

イタヤカエデの若木が原料。材料となるひごづくりは夫の定雄さんの仕事だが、太い幹の場合はふたりがかりでおこなう。

↓

くさびと鉈（なた）を駆使し、半分に割る。

↓

さらに半分に。8等分になるまでくり返す。

←

樹皮や芯を切り取り、中心部を残す。切り口は台形に近いので、かんなで削り長方形に整える。

↑

製作するものによって必要なひごの幅は異なる（通常8〜10mm）。その幅に合わせて年輪に沿って帯状に裂いていく。

↑

口や足などの全身、および明治25年頃に発明された「カッチャ小刀」と呼ばれる左側に刃がついた小刀を用いて、表面を薄くなめらかにし、角の面取りまでをおこなう。通常、厚みは1mm以下に仕上げる。写真のひごは、幅約8mm、厚み約0.7〜0.8mm。

(左頁上段）山ぶどうの皮で手さげかごを編む定雄さん。編み方は市松編み。
(左頁下段右）くるみの手さげかごの縁を編む本庄さん。縁には山ぶどうの皮を使う。
(左頁下段左）かごの手は、ロープを芯にして山ぶどうの皮で巻く。

技を見る

白く美しいひごを丁寧に編み上げるイタヤカエデのかごづくり

面取りをしてひごを準備する。

最初に底を編んでいく。このかごは底から胴まで、すべてあじろ編みにする。

底が完成したら、周辺部を立ち上げていく。佐藤さんの工房では、箕以外の製品は底から胴への立ちあがりは共通のつくりにしている。

感心し、後日、角館町雲然《くもしかり》地区にある工房を訪ねたのだった。ちなみに雲然地区は秋田市太平黒沢地区と並び古くからイタヤ細工が盛んな場所として知られる。この地域では竹がほとんど採れない代わりに、周辺の山へ行けばイタヤカエデはいくらでもあったのだ。

ふたりの間では分業ができており、基本的に定雄さんがひごづくりを、智香さんが編み込みを担当する。取材時に1本の丸太からひごになるまでの工程を見せてもらったが、その様子は豪快そのもの。手、足、歯と全身を使って、ひごをつくりあげていく。それからは一転、智香さんがつくるものに合わせて、ひごの長さを測り、面取りなどをおこない丁寧に編み始めるのだ。

ふたりの製品のなかで、久野さんの目を惹いたものに、「オボケ」と呼ばれるかごもある。かつて木綿が育たない東北では、庶民の多くは麻の衣類を身につけていた。その材料になる麻糸をつむぐための緒を入れるのに使われたかごが「オボケ」だ。イタヤカエデのオボケはオーソドックスなかたちで、いまの暮らしのなかでも、収納するものを選ばない万能かごだ。

好奇心が旺盛な智香さんは、腰を悪

技を見る

夫婦の分担作業でできあがるくるみの深かごづくり

本体を編むのは智香さんの仕事。幅約 4cm のくるみの皮で底を編む。

底を編み終えたら、型に合わせる。

型に沿わせて腰から胴の部分を編んでいく。

必要な高さになったら、余分な皮を切り取る。

型を抜くと、本体ができあがる。

ここからは定雄さんの仕事。まず縁の内側に芯を取りつける。芯に使っているのはイタヤカエデ。

本体と芯をくるみの皮で巻いていく。

縁を巻いたら、手をつける。

編み終えたら、バーナーであぶってくるみの皮の表面のケバ立ちをとる。

最後に全体をたわしで磨いて仕上げる。

雲然地区にある工房の外観。

青柳家内にある秋田郷土館でイタヤ細工の実演中の本庄さん。

自宅の離れにある工房にて。右から佐藤智香さん、定雄さん、ふたりの姪にあたる本庄あずささん。

くした定雄さんの代わりに雇った業者と一緒に山へ入るようになると、イタヤカエデだけでなく、山ぶどうやくるみ、桜なども採取するようになっていった。そしていまでは、それらすべてをあたかも従来から使ってきた素材であるかのように、さまざまな製品づくりに活用している。例を挙げれば、昔は牛馬のカイバ桶として使われたともいわれるくるみの「深かご（ラック）」などは、素材の荒々しさを活かした立派な仕事だ。

久野さんは主張する。

「新しいものをつくるにあたっても、地元の素材、継承されてきた技術を用いて、方向性を見誤らなければ、決して伝統は崩れないものなのです」

《訪ねたつくり手》

角館イタヤ工芸（かくのだていたやこうげい）
佐藤定雄さん、智香さん夫妻、本庄あずささんの工房。イタヤカエデから、くるみ、山ぶどうなどの樹皮まで、多彩な材料を用いて現代の用に見合う製品を手がけている。
秋田県仙北市角館町雲然荒屋敷182-7
0187-55-4367

見て学ぶ

イタヤに始まり幅を広げる 佐藤さん夫妻と本庄さんの樹皮細工

イタヤツボケ（φ23×H25.5cm）
19950円

くるみ手さげ（W33×D13×H29cm）
57750円

イタヤ箕（W55×D55×H16cm）
42000円

イタヤ碗かご（φ24.5×H11cm）
15750円

桜皮円筒かご（φ28.5×H38cm）
42000円

くるみ深かご〈大〉（W43×D31×H29cm）68250円

03

青森県弘前市

岩木山の自然の恵みと
相馬貞三の支援を受け
産地化を推進

弘《ひろ》前《さき》の編《へん》組《そ》品《ひん》

あけび蔓を使い、手さげかごを製作中。（みかみ工芸）

青森の民藝をリード
相馬貞三が果たした役割

青森のあけび蔓細工の始まりは、古くから山間部で「こだし（背負い袋）」などがつくられていたことからとも、幕末期に会津の浪士により伝えられたことからともいわれる。明治に入ると、産業として発展。明治後期から大正期にかけては技術も進歩し、製品は海外にも輸出された。

戦前、戦後の青森の民藝を牽引した人物に、**相馬貞三**がいる。柳宗悦の思想にふれて共鳴し、ときに行動をともにした相馬は、１９４２（昭和17）年、日本民藝協会青森支部の発足メンバーに名を連ね、１９５３（昭和28）年には「つがる工芸店」の前身となる朝書房を開業した。あつかう製品のなかでとくに力を入れたのが、地元を代表する手仕事である「あけび蔓細工」で、製作者の指導、育成から、全国への販売までをつがる工芸店で請け負った。そんな相馬の活動を支えたのが、宮本工芸やみかみ工芸だった。

山ぶどう細工の仕上げの工程。火で軽くあぶることで表面の毛羽立ちをおさえる。（宮本工芸）

積極的に職人を育成
手仕事の産地化をもくろむ

１９４９（昭和24）年創業の宮本工芸では、昨今その仕事ぶりがテレビで放映されたことも手伝い、数年先まで注文が埋まっているという忙しい日々が続いている。そこで同社では、職人不足を解消することで注文への対応を急ぐべく、希望者を募っては場所や材料を提供し、技術を指導している。そして一人前になれば、職人としてあつかい、製品を買い取る。今年41歳の須藤真澄さんも35歳から始め、職人となった。いまではあけび蔓細工のこだし編みができる唯一の職人として、１日１個程度しかつくれない手さげかごの注文を１５０個ほど受け持っているという。現在同社では、社内外で約25名の職人と契約している。

同社の武田太志さんは、「いずれは海外進出も」と意気込む。疲弊していく編組品の産地が多いなか、「手仕事の産地化」ともいえる宮本工芸のスタイルは、今後伝統的な手仕事が生き残っていくためのひとつの方法といえるだろう。

正確に丁寧に
伝統の手仕事をいまに

続いて訪れたのが、みかみ工芸。こちらは宮本工芸とは対照的に、数名の熟練の職人とともに地域の伝統を守り続けているといった印象だ。創業者の孫の三上裕子さんに、職人の自宅へ案内していただいた。

出迎えてくれたのは、今年4月で80歳になった渋谷悦さん。20歳で嫁に来てから始めたというからキャリア60年の大ベテランだ。「使う人のことを考えて」と語る渋谷さんの仕事は正確で丁寧。材料は太さが均一なものを吟味し、節が表に出ないようにして編んでいく。淡々としたくり返しの作業のな

相馬貞三→21頁

技を見る

使う人のことを思って
正確に、丁寧に。
渋谷さんのかごづくり

この道60年のキャリアを誇るみかみ工芸の職人、渋谷悦さん。

↓

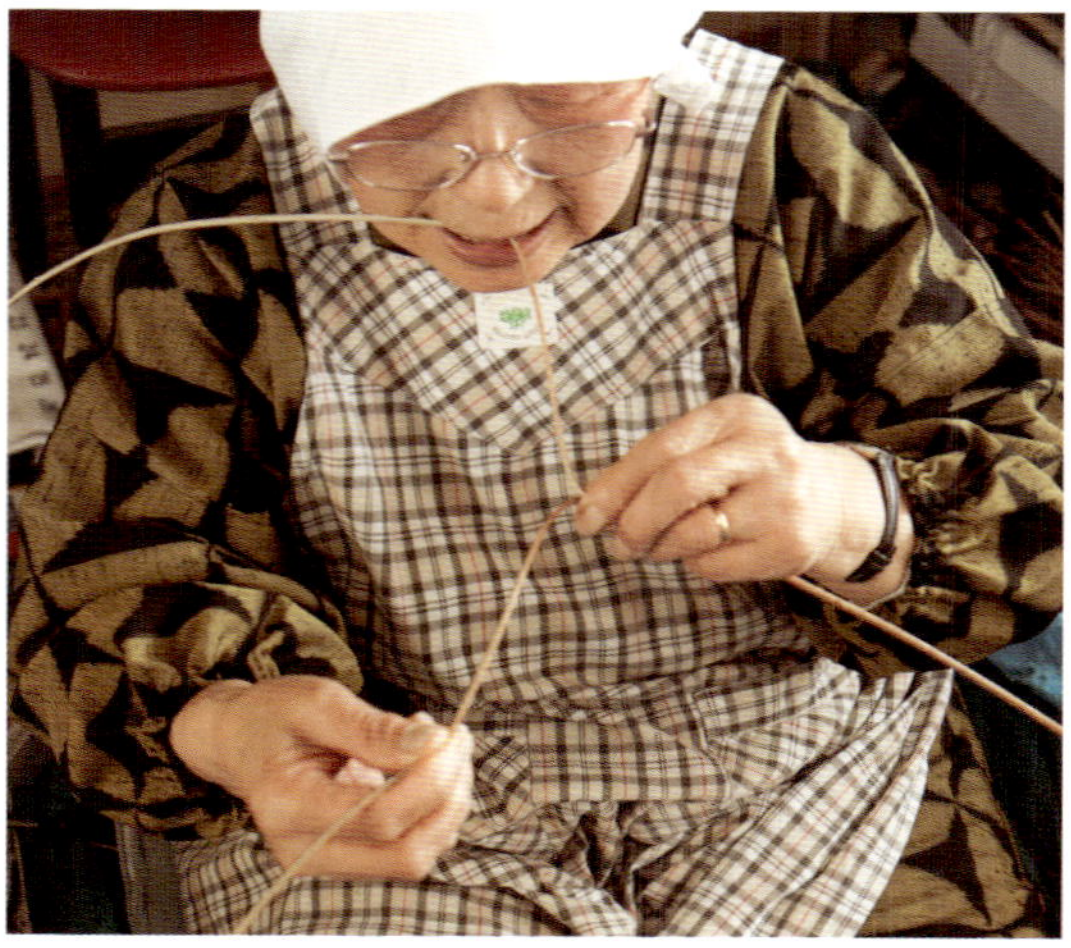

あけび蔓を半分に割っているところ。このあとでかんなをかけて調整する。半割りにした蔓は「小松編み」などに使う。

←

上が「小松編み」。横の蔓が松葉のように見えることから別名「松葉編み」とも。下は右から「並編み（ござ目編み）」、「こだし編み」、「うね編み」。

↑

あけび蔓の手さげを製作する際には木型を使う。上部がすぼまっているため、編み上がってから抜き取れるよう木型は分解できるつくりになっている。

弘前の編組品の材料採取に欠かせない存在でもある津軽富士、岩木山。

みかみ工芸の店内。

宮本工芸の工房。性別、年齢問わず、あけび蔓、山ぶどう細工を習いに来る人は増えているという。

かに、並編み、こだし編み、うね編みと編み方を変化させるなど、創意工夫を凝らしている。

あけび蔓は岩木山や八甲田山で採れるものを使う。「取り子」と呼ばれる専門業者に委託し、それをつくり手に分配する。これは先代の「つくり手が指をケガして、編むのに支障が出ては困るから」との配慮からだという。

異なる歩み方を選んだ宮本工芸とみかみ工芸。ふたつの工房がそれぞれのよさを発揮しながら、弘前の編組品が継続、発展することを期待したい。

《訪ねたつくり手》

宮本工芸（みやもとこうげい）
1949（昭和24）年、宮本幸治により創業。80（昭和55）年に法人化。あけび蔓、山ぶどう細工などの製作、販売、修理を手がける。職人の育成にも積極的。
青森県弘前市南横町7
0172-32-0796

みかみ工芸（みかみこうげい）
店主の三上裕子さんは創業者の孫にあたる。祖父や父の代からつき合いのある熟練した職人たちとともに、あけび蔓細工を中心に伝統に根ざした製品をつくり続けている。
青森県弘前市茂森町19-1
0172-34-6978

見て学ぶ

多彩な編み目に技術が光る
東北ならではの編み組みの仕事

円筒くず入れホラ編（φ 25.5 × H32cm）17500円ⓐ

山ぶどうかごべこだし〈下縄編〉（W42 × D12 × H26cm）93000円ⓐ

あじろ編手さげ（W34 × D12.5 × H26cm）32000円ⓐ

立角仲々編手さげ〈染内布張〉（W28 × D11 × H30.5cm）19950円ⓑ

薄型ホラ編巻手手さげ〈染内布張〉（W28 × D12 × H21cm）12390円ⓑ

月型胴張小松編手さげ（W32 × D14 × H20.5cm）39900円ⓑ

ⓐ宮本工芸、ⓑみかみ工芸

04

岩手県二戸郡一戸町

『手仕事の日本』でも賞賛された北東北を代表する竹工芸

鳥越《とりごえ》の鈴竹細工《すずたけざいく》

あじろ編みの小文庫を編む穴久保さん。箱形の文庫は、平らに編んでから周囲を立ち上げてかたちをつくる。

鳥越の名物
鳥越観音とシノ細工

一戸町鳥越は、802（大同2）年に天台宗の僧・慈覚大師により開基された「鳥越観音」と、しなやかで弾力性、耐久性、耐水性にすぐれる鈴竹細工で有名だ。地元では「シノ」と呼ばれる鈴竹を使った竹細工もまた、慈覚大師により伝えられたともいわれる。

文献としては、盛岡藩の『御《ご》領分物《りょうぶんぶつ》産取調書《さんとりしらべがき》』のなかに江戸時代に盛んにつくられていたという記載があり、その後明治後期から大正にかけて多彩な技法が編み出され、1910（明治43）年にロンドンで開催された日英博覧会では銀賞を受賞するにいたった。昭和に入ると、実用性を重視するようになり、戦後、最盛期を迎える。

鳥越もみじ交遊舎で竹細工に精を出す地元の方々。60代以上の世代には、子どもの頃に親から教わった経験を持つ人も多い。

鳥越地区の竹細工の活動拠点である「鳥越もみじ交遊舎」の前館長の鈴木隆さんは言う。

「竹細工は冬の農閑期の仕事なのですが、1951（昭和26）年には鳥越だけで6000万円ほどの売り上げがあり、日本の農村における副業収入において日本一を記録しました。とくに手さげかごが爆発的に売れたのです。安価なプラスチック容器が台頭してくる昭和32、3年頃までは、子どもも普通につくっていました」

往時にくらべると竹細工に従事する人口は激減したが、それでも最近は一時より売り上げが増えてきているという。次の世代を育てる講習会などの取り組みにも積極的だ。その指導員のひとりが柴田恵さんだ。

子どもたちに竹細工を将来を見すえた試み

柴田さんは現在55歳。鳥越で竹細工に従事する人のなかでは最年少だ。鳥越生まれの鳥越育ちで、幼少の頃から母親が竹細工をするのを見ながら育った。親の手伝いをさせられていたのは、柴田さんよりもひとまわりほど上の世代までだそうだが、柴田さんは材料づくりなどを手伝う環境にあり、見よう見まね、遊びのなかからつくり方を身につけていったという。

高校を卒業してから2年ほど都内で働いたが、地元へ戻ってきた。「竹細工がしたいから帰ってきた、ってまわりの人に言っていたみたいです」と笑う。その後は地元で働きながら、1995（平成7）年にもみじ交遊舎が開館した際に補助員として勤務するように。3年前に体調を崩して退職してからは、ひとりのつくり手として竹細工に本格的に取り組み、伝統的な「ツボケ」「オボケ」から、手さげかご、菓子器、ざるなどを幅広く製作し、物産展などで販売している。ちなみに、ツボケは農作業時のポケットとして、オボケは衣服を縫うための糸となる麻の緒を入れるために使われていたかごのこと。オボケはいまでは野菜の収納かごとして利用されることが多い。

竹細工の産地のなかでは比較的規模の大きい鳥越だが、それでも後継者の

技を見る

分担作業でおこなわれる もみじ交遊舎のひごづくり

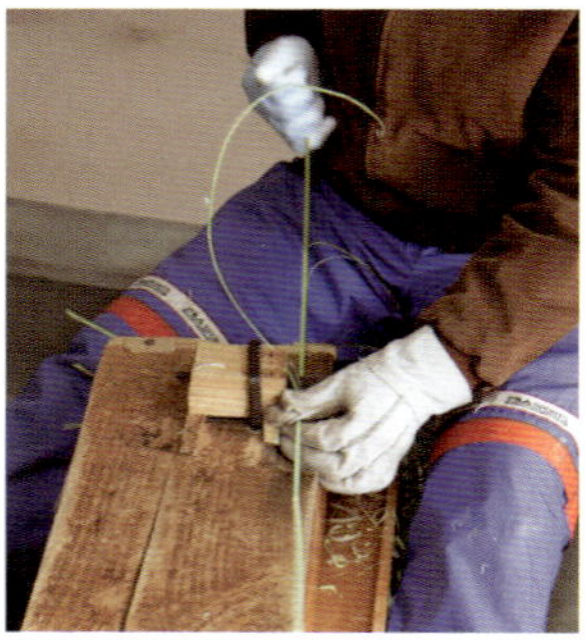

（①・右）最初に皮をむき、節をとり、縦に4分割する。使用する竹は、近隣の山に群生する鈴竹の高さ1～3mのものを11月頃から雪が積もり始める頃までに採取する。　（②・中）外側の丈夫な皮を使用するので、「銑（せん）」と呼ばれる道具で内側の余分な部分を取り除き、厚みを調整する。銑をかける、という。　（③・左）「幅決め」と呼ばれる道具を使い、ひごの幅をそろえる。製作するものにより幅は異なる。

問題は深刻で、もみじ交遊舎などでの活動のほか、地元の小学校では、総合学習の一環で竹細工の授業がおこなわれている。柴田さんは言う。

「もみじ交遊舎に勤め始めた頃はつくっている方も多かったのですが、一番若い自分からしたら下に誰もいないことが不安でした。私がもみじ交遊舎を辞めてから竹細工に取り組めたのは、子どものときにひごづくりをした経験があったから。竹細工の基本は、なんといっても材料づくりなのですが、その習得には時間がかかります。だから、総合学習だけで終わるのはもったいないと思い、土日や春、夏、冬の休みの間に子どもたちが自由に通える竹細工クラブを立ち上げたのです。いろいろあっていまでは終わってしまいましたが、私が教えた子どもたちのなかからひとりでも、人生のなかで空いた時間ができたときに、竹細工をやってみたいと思ってもらえたら、自分の活動に意味があったのかな、と思います」

もので、指先で語る

鳥越の語り部たち

産業として発展してきた地盤があるからだろう。高齢化は進むものの、鳥越にはまだまだすぐれたつくり手がいる。1932（昭和7）年生まれの穴久保ナミさんは、戦後すぐ、13歳のときに鈴竹細工を始めた。ちょうど父親を亡くした時期で、下に6人いる兄弟の面倒も見なければならず、一番しんどいときだったとふり返る。

「忙しい母は1度しか教えてくれませんでした。あとは目で見て覚えなさい、って。当時は集落に3軒ほど井戸のある家があって、そのうちの1軒に水をもらいに行ったらそこのお母さんがとても上手だったの。その様子をじっと見ていたら、『うちの息子が好きなの？』ってからかわれて（笑）。『おかあさんの手を見ていたの』と言ったら、『いつでも見にいらっしゃい』と言ってくれました」

生まれ持っての性分か。まわりはとりあえずつくればいい、という風潮だったが、穴久保さんはきっちりとつくりたかった。また、強い向上心も持っていた。23歳で嫁いだとき、こんなことがあった。

「この部落はかご、あの部落はざる、という風に、部落ごとにつくるものは決まっていて、私はざるをつくったこ

（右）柴田恵さん。微妙に大きさの異なる２枚を編み込んで合わせた「合わせ編み（二重編み）」という技法で菓子器を製作中。
（左）奥が鈴竹。手前が農産物を入れるための伝統的なかご「オボケ」を胴まで編んだもの。合わせ編みでつくられている。

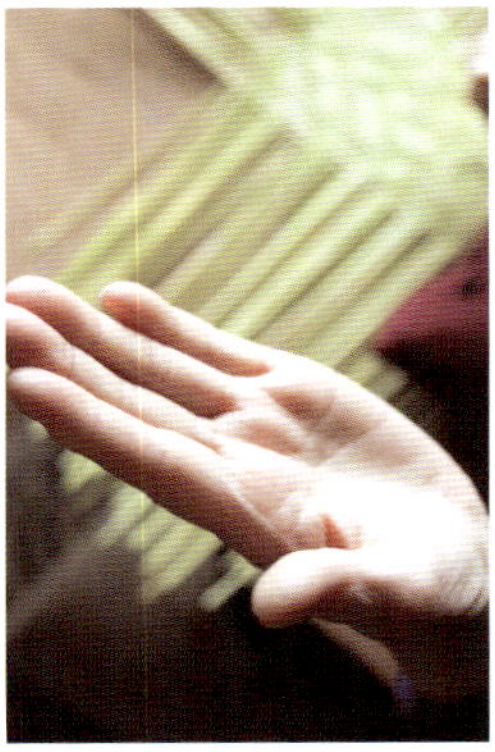

（右上）約70年というキャリアを持ち、名人として知られる穴久保ナミさん。
（右下）きれいに丁寧につくることを信条とする穴久保さんの指には、ほとんど指紋が残っていない。
（左）手前に出す縦ひごを持ち上げて、横ひごを編み込む。縦ひごのしなり具合から、鈴竹のしなやかさがよくわかる。

とがなかった。でも嫁に来たとき、おばあさんにざるを編んでくれと言われました。編めませんとは言えず、少しだけ待ってください、って言って、家にあった古いざるをほどいて、何度も見て、ざるを編んだのです」

鳥越の鈴竹細工は、柳宗悦の『手仕事の日本』で紹介されているが、そのなかに「小さい竹行李で二重編のものは特に上等であります」という一文がある。この「合わせ編み」とも「二重編み」とも呼ばれる編み方にかけては、穴久保さんの右に出るものはいないという。通常の「一重編み（一枚編み）」であれば、皮のなめらかな表面とざらついた裏面があらわれるが、合わせ編みをおこなうことで両面を皮の表面にすることができる。倍の手間がかかるのは当然だが、それ以上に合わせる際に相当の技量が必要となる。

もうひとつ、穴久保さんの技術の高さを象徴するものに、自身が命名した「糸かご」がある。竹でできているとは思えない弾力性があるのだが、「四つ目編み」の正確さもさることながら、大切なのは、ひごづくりの段階でいかに皮を薄くできるかどうか。真竹にくらべ、やわらかくてしなやか、という鈴竹の特徴を最大限に活かした製品だ。

いっぽう、竹細工を始めて70年近い穴久保さんとは対照的に、まだ4、5年というキャリアでありながら、本職が大工という持ち前の器用さを活かしてざるを製作するのが、柴田武治さんだ。町内の「高齢者創作館」で開かれた講習会に参加したのがきっかけだったとのことだが、製作中の「箕ざる」を見るかぎり、骨格のある仕事をしている、と久野さんも驚く。まだ70歳前

（上）「箕ざる」の本体を「ざる目編み（ござ目編み）」で編んでいく柴田武治さん。中腰の状態で作業できるのは大工ならでは。（中）縁の芯を最後に切り、口をつくる。（下）製作工程順に並べた箕ざる。本体は鈴竹だが、枠には真竹を使う。

『手仕事の日本』↓18頁

ということもあり、まだまだ期待が持てる。

子どもの頃からの教育もそうだが、比較的時間に余裕があり、即戦力となりえる60代、70代の方たちの育成も重要だ。彼らには子どもの頃の竹細工の記憶と、その後の人生で身につけた経験という武器があるのだから。

《訪ねたつくり手》

鳥越もみじ交遊舎（とりごえもみじこうゆうしゃ）
1995（平成7）年に開館。地域の伝統である鈴竹細工の拠点として、体験教室の開催や製品の販売などをおこなう。
岩手県二戸郡一戸町鳥越字宮古沢21－1
0195－32－3981

柴田恵（しばた・めぐみ）
1958（昭和33）年生まれ。自身の製作のかたわら後進の育成にも熱心にかかわる。

穴久保ナミ（あなくぼ・なみ）
1932（昭和7）年生まれ。約70年の鈴竹細工のキャリアを持つ、鳥越を代表する名人。

柴田武治（しばた・たけじ）
1943（昭和18）年生まれ。本職は大工で、5年ほど前からざるづくりを始める。
（問）穴久保ナミさんの製品は光原社（019－622－2894）、柴田恵さん、柴田武治さんの製品は柴田恵さん（0195－32－3607）

見て学ぶ

しなやかな鈴竹を活かし丹誠込めてつくられる鳥越伝統の多彩な日用品

糸かご（φ 32 × H19㎝）8925円ⓐ

弁当かご〈右〉（W13 × D9 × H6.5㎝）3675円、〈左・合わせ編み〉（W14 × D9 × H5㎝）7350円ⓐ

文庫（W26 × × D19 × H8.5㎝）11550円ⓐ

ツボケ〈小〉（W20 × D19 × H23.5㎝）1000円ⓒ

透かしあじろ手さげ（W34.5 × D11.5 × H26㎝）26250円～ⓑ

二重編みオボケ（φ 60 × H20.5㎝）73500円～ⓑ

盛りざる（W30.5 × D18.5 × H4㎝）3300円～ⓓ

箕ざる（W39 × D38 × H9㎝）5500円～ⓓ

丸ざる（φ 56 × H9㎝）13200円～ⓓ

ⓐ穴久保さん、ⓑ柴田恵さん、ⓒもみじ交遊舎、ⓓ柴田武治さん

05

岩手県二戸郡一戸町

岩手の山奥で育まれた
造形美と機能美を
未来へつなぐ

面《おも》岸《ぎし》のニギョウ箕《み》

製作途中のニギョウ箕。ニギョウと桜の皮を平らに編み、最後に整形する。

いやみのない赤み ニギョウ箕の魅力

日本の手仕事について考えるとき、農業とりわけ稲作と切り離して考えることはできない。そのなかで古くから農家の暮らしのなかに溶け込んできたものに箕がある。「穀物をふるう」という単純作業に特化した道具は、青森の岩木山麓から鹿児島の日置までほぼ共通のかたちでU字型の片口となっているが、周辺で採れる材料を用いてつくられるために、その素材に違いが見られる。全国の箕のなかで特異な造形美を誇るのが、ニギョウ（サルナシのこと）の箕だ。いやみのない赤みとみずみずしさ、力強さが柳宗悦をはじめ、民藝関係者を魅了したのだろう。薩摩の**日置の箕**とともに日本民藝館の蒐集品に選ばれている。

このニギョウ箕を製作するのは、一戸町の奥深い山中の姉帯《あねたい》、面岸という部落に限られる。久野さんの友人である盛岡の工藝店「**光原社**」の及川隆二さんの話では、30年以上前までは、冬場になると、つくり手が店まで箕を売りに来ていたそうだ。最近はそうしたことはなくなったものの、山間部のせまい地域の田畑では大型の農機具が入らないという事情も関係して箕の需要があり、細々とではあるがつくり続ける人もいるという。

用を失いつつある箕の新たな使い道を探る

久野さんは古くから、そうした製作者たちと交わってきた。2007（平成19）年には、久野さんが出品した岡

日置の箕→124頁

光原社
こうげんしゃ。1924（大正13）年、宮沢賢治の『注文の多い料理店』の発刊を機に社名を光原社に。現在は出版業はおこなっておらず、全国の手仕事を集めた民藝店として、盛岡の名所のひとつとなっている。
岩手県盛岡市材木町2-18
019-622-2894
www15.ocn.ne.jp/~kogensya/

日本民藝展
日本民藝館が主催する新作工芸の公募展。伝統的な手仕事と新しい生活工芸の発展、普及を目的とする展示即売会でもあり、入選、準入選作品は日本民藝館で展示、販売される。

枠にするニギョウの枝を、全身を使ってたわめる戸部さん。

ニギョウは皮をはぎ、はいだ皮で箕を編み、残った枝も枠として使う。枝は編み始める前に水に浸してやわらかくする。

ニギョウの保管場所にて、戸部定美さんと娘さん。ニギョウ（別名サルナシ）の採取は5月から10月頃まで可能だが、春先は赤みが濃く、以降は白っぽくなるという。

本米蔵さんのニギョウ箕が**日本民藝館展**の最高の栄誉である日本民藝館賞を受賞してもいる。受賞は、すでに消えつつあったごく限られた地域の民具に美が見出され、再び光が当たったという点において大きな意味のあることだった。

そしていま、久野さんがつき合っているつくり手が戸部定美さんだ。キャリアはほんの2、3年ほどで、それまで編み組み細工の経験はまったくなかったという戸部さんだが、ニギョウの素材の色の使い分けや丁寧なつくりなどを、久野さんは高く評価している。また都会での生活が長かったために、現代的なセンスを持ち合わせており、本来の用を失いつつある箕の新たな展開やニギョウを使った新作づくりにおいて、大いに期待が持てるという。

山間の集落には、まだ幼い戸部さんの子どもたちの笑い声がこだましていた。彼らが大人になったとき、まだ箕はあるだろうか。もしあるのなら、どのように使われているのだろうか。

《訪ねたつくり手》

戸部定美（とべ・さだみ）

1947（昭和22）年生まれ。都会での生活を経て、2、3年前からニギョウの箕の製作に取り組むように。

（問）もやい工藝　0467-22-1822／光原社　019-622-2894

見て学ぶ

国内で唯一、面岸・姉帯にのみ伝わるニギョウを用いた箕づくりの技

ニギョウ箕（W65 × D45 × H13.5㎝）42000円

06

岩手県二戸郡一戸町

消えゆく運命の民具に
機能と美を吹き込み
新作民藝が誕生

一《いちの》戸《へ》の
真《ま》竹《だけ》細《ざい》工《く》

「背負いかご」の本体にひもを通すための輪っかを取りつけている。×印のように巻いていく縁は千鳥縁、二重巻き縁、返し縁などと呼ばれる。

実用一点張りのかごづくり

真竹の自生地の北限は、岩手の一関周辺だといわれている。そのため北東北の竹細工には、鈴竹や根曲竹などが用いられる。ところが一関よりずっと北にある一戸で、一関の竹材の卸し業者から真竹を仕入れて仕事をしている上平福也さん・敬さん兄弟はめずらしい存在だ。

久野さんが初めて上平さんのもとを訪れたのは、１９８９（平成元）年に実施された日本民藝協会の手仕事調査のとき。東北自動車道の一戸インターチェンジを目指して走行中に偶然見つけた「上平竹細工店」という小さな看板を頼りに行き着いた先には、細長い板の間の工房で竹細工に励む親子の姿があった。そのときに応対したのが、当時38歳の上平福也さん。まだ30代という年齢に久野さんは驚いた。全国を渡り歩いても、福也さんほど若い竹細工のつくり手に出会ったことがなかったからだ。

「栗とりかご」の底編みが終わったところ。寸法を書き込んだ定規をあてて大きさを確認する。

父の福松さんは青森の八戸出身。海に近い土地柄、漁業の水揚げ用の容器などをつくっていた。しかし昭和30年代以降のプラスチック容器の普及により需要が減少したため、竹細工の盛んな一戸に移住。それからは、鳥越でつくられる鈴竹の小ものを出荷する際の箱の代わりとなるかごなどを製作し、収入を得ていたという。

上平竹細工店の製品は、実用一点張りかつ消耗品であるため、価格を安くしなければならなかった。また、周辺では真竹が採れないという事情から素材が貴重でもあった。そのため、竹が豊富な九州では、割れやすく腐りやすい身は捨て、丈夫で粘りがあり、虫が食わない皮のみを使用するのに対し、上平さんは身の部分をかなり用いて製作した。運搬用の容器として使われるかごは、目的地に着けば解かれて焼かれてしまうことも多かったため、それでもとくに問題はなかったのだ。

民具に美の視点を新作づくりに取り組む

せっかく出会った福也さんという若いつくり手とかかわっていくことが自分の使命だと感じた久野さんは、現代の用にかない、単なる民具ではなく、美の視点をも備えた民藝の新作づくりを模索していた。そこで思い出したのが、もともと久慈で苦竹を使って製作されていたコンテナのような大きなかご「横駄かご」だった。サイズを少し小さく、持ち運びやすいように手を、引きずりやすいように底に力竹をつけ、本体には皮だけを用い、縁は千鳥縁にするなど、機能、意匠の両面で細かな要望を出した。その結果、リデザインされた「横駄かご」が誕生した。これをきっかけに、牛馬が餌を食べるための「カイバかご」のかたちを変えて脚をつけたものや、地域で使われていた巨大な背負いかごを縮めて立ち上がりの部分をあじろ編みにした「栗とりか

（上段）弟の敬さん。右は「背負いかご」の底づくりを、左は「栗とりかご」の縁を千鳥縁（二重巻き縁）にしているところ。
（下段）兄の福也さん。「背負いかご」の立ち上がりを編んでいる。

上平竹細工店の外観。

兄弟が並んで作業する工房の様子。

従来の「横駄かご」に手をつけるヒントになった、古い大きなかご。

ご」などを世に送り出した。

　福松さんが亡くなってからは、弟の敬さんが寿司屋の板前を辞めて、兄の指導を受けながら竹細工に取り組み始めた。竹細工の場合、材料を用意する人と編む人の両方が同時にいないと作業の効率が著しく低下してしまうのだ。

　敬さんもじょじょに上達し、久野さんがここは安泰かと喜んでいた矢先、なんと福也さんが脳こうそくで倒れてしまった。しばらくは半身不随で久野さんも将来を案じていたが、幸いにしていまでは背負いかごをつくれるまでに回復した。まだ60代と50代という、竹細工従事者のなかではきわめて若い兄弟の肩にかかる期待は大きい。

《訪ねたつくり手》

上平竹細工店（かみだいらたけざいくてん）

現在のつくり手、上平福也さん、敬さん兄弟の父・福松は青森の出身で、三陸宮古方面で竹細工を学ぶ。その後一戸へ移住。現在は兄弟で真竹細工全般を手がける。

（問）もやい工藝　0467-22-1822／光原社　019-622-2894

見て学ぶ

質実剛健な漁具、農具
東北では希少な真竹の仕事

カイバかご（W50×D38×H19㎝）11550円

栗とりかご〈中〉（φ25×H33㎝）12600円

背負いかご（W35×D28×H34・5㎝）9450円

横駄かご（W59×D43・5×H19・5㎝）16800円

07

宮城県大崎市

武士の手内職から
農閑期の女性の仕事へ
しなやかな竹の魅力

岩《いわ》出《で》山《やま》の
篠《しの》竹《たけ》細《ざい》工《く》

できあがる順に積み上げられていく「ふたつき飯入れざる」の本体部分。

最盛期には2000人のつくり手
全国に知られた「岩出山もの」

旅好きな人なら、岩出山の名は全国でも有数の売り上げを誇る道の駅「あ・ら・伊達な道の駅」がある場所としてご存じかもしれない。そんな岩出山は、約300年続く篠竹細工の産地としても有名だ。その歴史は江戸の享保年間、岩出山城の第4代城主の**伊達村泰**公が下級武士の手内職として奨励したことに始まる。武士の副業は明治に入ると、篠竹が身近な山に生えていることや、材質が細くしなやかで真竹などにくらべつくりやすいことなどから、農民、とくに女性の農閑期の仕事となった。それはやがて問屋や商店の活躍により全国へと広がり、「岩出山もの」として知られた。

竹工芸館で生徒たちはざる目編みの製品のほかにも、六つ目編みの目かごなど、いろいろなタイプの製品づくりを学ぶ。

しかし、最盛期には2000人いたといわれるつくり手はいまや50人ほどに、篠竹細工の製品をあつかう商店は2軒を数えるだけになってしまった。

岩出山町（現大崎市）では、戦後まもなくの1948（昭和23）年から、町を代表する産業である篠竹細工を振興するために、現在の「竹工芸館」の前身にあたる指導所を設立し、地元の人々を対象に指導をおこなっていた。この指導所に10代から通い、現在は職人として、指導員として活動しているのが、千葉文夫さんだ。立場上は市の職員なのだが、まだ50代前半でありながら、職人としてのキャリアは30年以上におよぶ。やはりここでもほかの産地と同様に、悩みの種は後継者の問題だ。千葉さんは言う。

「以前つくっていたとか、つくれるとかいう人もいますが、今後の伝統の担い手となるのは、竹工芸館で学んでいる生徒たちです。生徒がつくったものは買い上げて、竹工芸館なり道の駅、あるいは卸先なりを通して販売していますが、まだ生産量も少なくそれだけで生計を立てるのは難しいため、卒業してから辞めてしまう人も多いのです」

伝統と時代性
売り上げと育成の両立

材料については、市の所有地に自生している篠竹を行ける者全員で採りに行く。採取の時期は12月に入ってからで、成育して1年目の篠竹を選び、1年分の材料を確保する。3月の彼岸頃までは採取できるが、できるだけ雪が降り出す前に材料を採り終えてしまうそうだ。篠竹の場合一本一本の太さは関係なく、尺8寸にまとめたひと束を単位として取引されるという。採取してきた篠竹はできるだけ水分が飛びにくいように立てかけて自然乾燥させる。

岩出山の篠竹細工を代表する製品に、「米とぎざる」がある。米とぎざるは、プラスチック製品が登場するまでは全国的に一般家庭の必需品であり、日本各地でつくられていた。なかでも岩出山では、篠竹の皮の部分を用いることで弾力性、耐久性にすぐれるという、篠竹の特性を活かした特徴が生まれた。さらに皮を内側に使ったことで水切れ

伊達村泰

だて・むらやす（1682—1731）。伊達政宗の四男・伊達宗泰に始まる岩出山伊達家の第3代伊達敏親の養子となり、家督を継いだ。京都から職人を呼び藩士に竹細工を学ばせたほか、教育に力を入れ仙台藩の学問所「有備館」に学者の佐久間洞巌を招聘するなど、名君とされる人物。

（右上）市の所有地で１年ものの篠竹を選んで伐採する。篠竹はまっすぐに伸びる竹で、長さは１～3m 程度。
（左上）採取した篠竹は、立てかけて保管する。
（右下）篠竹を細く裂いてひごをつくる「竹割り」の工程。
（左下）「ふたつき飯入れざる」のふたを製作中の指導員の千葉文夫さん。

大崎市竹工芸館の外観。

竹工芸館の作業場。千葉さんと生徒たちがそれぞれの技量に応じた製品づくりをする。

作業の合間にも、千葉さんのもとには生徒たちが質問に訪れる。

がいいという利点も加わり、行商でも人気が高かった。そして現在は、米とぎざるを浅めに改良した「浅ざる」の人気も高まってきているという。これらは米とぎがしやすいように、「ざる目編み（ござ目編み）」という方法で編まれるが、この技術の習得には2、3年かかるのだとか。そのほか、伝統的なものに「目かご」や「ふたつき飯入れざる」などがあるが、誰が何をつくるのかについては、種類により求められる技量が異なるため、千葉さんを中心に話し合って決める。

「最近はテレビ番組で取り上げられたこともあり、注文をこなすことに追われ、技術の習得が追いついていないのが現状です」と千葉さん。売り上げの確保と後継者の育成を両立することは、ひと筋縄ではいかないのだ。

《訪ねたつくり手》

大崎市竹工芸館

戦後設立された指導所が前身。現在の施設は2002（平成14）年に開館した。つくり手の養成のほか、体験教室の開催、ギャラリーでの展示・販売などをおこなっている。

宮城県大崎市岩出山字ニノ構115
0229-73-1850

見て学ぶ

地域の伝承として受け継がれる昔ながらの日用品づくり

十三本ざる（φ34×H20cm）5000円
〈2升用の米とぎざる〉

ふたつき飯入れざる（φ24×H23cm）
13000円

米とぎざる〈右・2合用〉（φ16×H9cm）1800円、〈左・3合用〉（φ19×H11cm）2100円

平ざる〈大〉（φ32×H5cm）
2500円

08

宮城県黒川郡大和町

箕づくりで培った
技術を発展させて
現代の暮らしのなかに

大《たい》和《わ》町《ちょう》の篠《しの》樺《かば》細《ざい》工《く》

箕の素材、技術から生まれた「肥料ふりかご」。

箕の技術をもたらしたのは 武士かそれとも山の民か

仙台市郊外の大和町を象徴する風景が、７つのなだらかな山々が連なる「七ツ森」。この地方の箕づくりは一般的に、伊達藩が宇都宮藩から技術を教わって広めたといわれているが、久野さんの考えは違う。

「箕のかたちが全国的に共通しているのは、箕づくりが山の民の習俗や山岳信仰と深く関係しているから。立地から考えても、大和町には七ツ森を通して伝わったのではないでしょうか」

大和町の箕の特徴として、篠竹のあいだに山桜（樺）の樹皮を全面的にはさみこんでいくことが挙げられる。これは使う竹の種類こそ異なるが、遠く離れた鹿児島の**日置の箕**と酷似しているのだ。これは偶然の一致なのか、それともやっぱり山の民により伝えられたからなのか。

この地域には昔から箕をつくる人はたくさんいたが、驚くべきはこの箕づくりの技術を活かしてかごやざるを製作してきたこと。たいてい箕の技術はつぶしが利かず、ほかに転用できたのは全国でもここだけだ。そんな篠樺細工のつくり手、佐藤さん夫妻を訪ねた。

箕の素材、技術を応用した 肥料ふりかごの使い方

この仕事は大きく、材料を用意する人と編む人に分けられる。佐藤さんの場合、材料の採取、ひごづくりをご主人の朝治さん、編み込みを奥さま、そして最後の立ち上げ、枠の取りつけ、縁づくりを再びご主人という役割分担になっている。

箕の技術を応用したものに、「浅ざる」や「肥料ふりかご（実用ざる）」があるが、これらはつくり方だけでなく、使用する素材も共通している。本体には篠竹と山桜の樹皮、枠には真竹、肥料ふりかごの持ち手には杉の小枝を用いる。ちなみに肥料ふりかごはその名の通り、畑に持ち出して中に入れた肥料をまくための容器だが、とくに改良する必要もなく、たとえばマガジンラックやスリッパ入れなどとして、現

（上）篠竹。採取は10月から始める。
（中）山桜。乾燥した樹皮を使用するので、7月下旬から9月初旬にかけての晴天続きの日を選んで採りに行く。
（下）杉の小枝。肥料ふりかごの持ち手に使う。

日置の箕→124頁

技を見る

篠竹、桜皮、真竹、フジ。多彩な素材を駆使する佐藤さん夫妻の浅ざるづくり

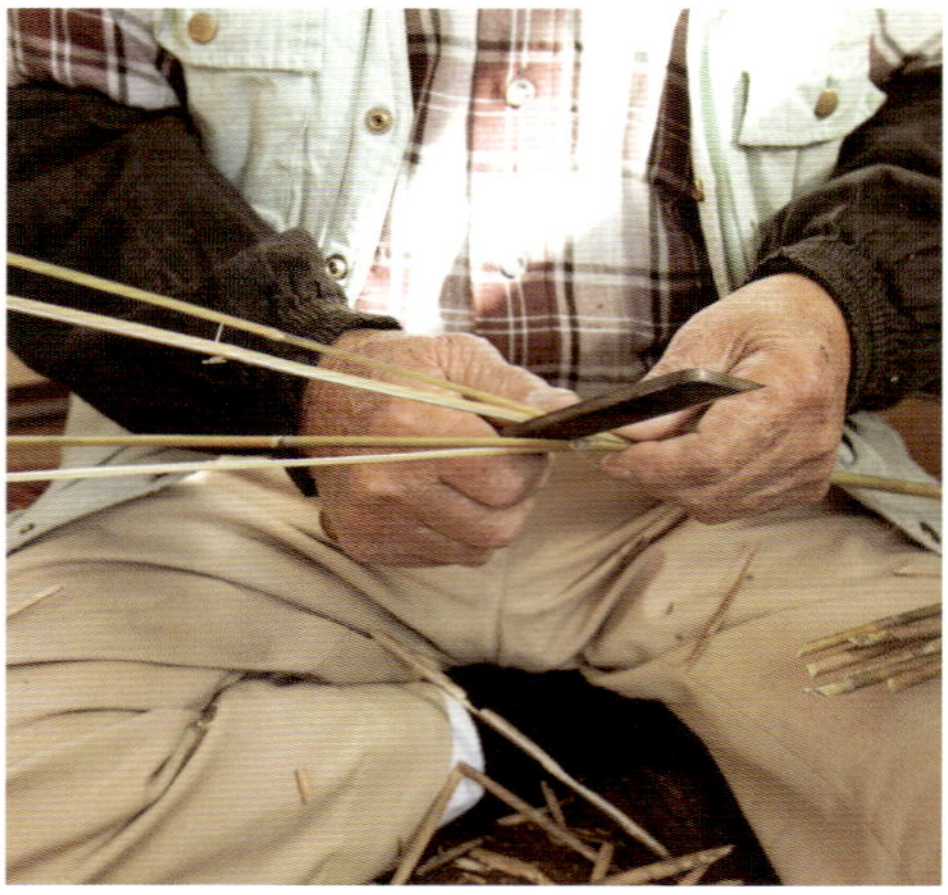

篠竹のひごづくり。材料の採取、ひごづくりは朝治さんの仕事。縦に四分割にしてから、さらに半分に。

編み込んでいくのは奥さまの仕事。篠竹の間にすき間なく山桜の樹皮をはさみ込み、「ナギナタ」という道具を使って目を詰めていく。ナギナタのことを九州では「ミガタナ」と呼ぶ。

製品の質も左右する、特徴的な角の処理。

編み終えたあと、立ち上げからは再び朝治さんの担当。

立ち上がったら、枠を取りつける。枠には真竹が使われる。

本体と縁はフジで結んでいる。

七ツ森。最高峰は笹倉山で標高507m。

佐藤さん夫妻の仕事場。仕事はいつもふたりでおこなう。

ざるは平らに編んでから（下）、周りを立ち上げて胴の部分をかたちづくる（上）。

代の暮らしのなかで使えるという利点がある。しかも使用するのは周囲で採れる身近な材料ばかりなので、安価で販売することができる。

底部の編み込みや角の細部の仕上げ、立ち上がりのふくらみなど、箕の造形美はすばらしい。この技術を後世に残すために考え出された種々の工夫に拍手を送りたい。

《訪ねたつくり手》

佐藤朝治（さとう・あさじ）

1936（昭和11）年生まれ。退職後、家業で箕をつくっていた奥さまに習いながら、かご、ざるづくりを開始。夫婦二人三脚で日々製作に励む。

（問）もやい工藝　0467-22-1822／Les VACANCES（レヴァコンス）022-399-8573

見て学ぶ

地元に豊富な篠竹と桜皮で編み出される美しい模様

肥料ふりかご〈大〉（φ37・5×H14・5cm）8400円

脱衣かご（W52×D41・5×H18・5cm）12600円

浅ざる〈上・大〉（W37 × D36 × H11.5cm）6300円、〈下・小〉（W24.5 × D22.5 × H8.5cm）5250円

09

福島県大沼郡三島町

豊かな野山の自然と
縄文からの技の融合
東北の生活工芸の拠点に

奥《おく》会《あい》津《づ》の編《へん》組《そ》品《ひん》

目黒政榮さんの「米とぎざる」。水切れ、手ざわりがよいマタタビは、おもに台所用品に使われる。

編み組み細工の伝統をつないだ生活工芸運動

奥会津地方の大沼郡三島町は、近年マタタビや山ぶどうを用いた編み組み細工の里として注目されている。その歴史は古く、同町内の**荒屋敷遺跡**で発掘された縄や編組品の断片から、縄文時代にはすでに現在の技法が存在していたことが明らかになっている。その伝統を継承するうえで大きな役割を果たしたのが「生活工芸運動」だった。

元来三島町では、編組品は自宅で使用するものを家内工業的につくるものであり、販売向けにつくられてはいなかった。しかし1981（昭和56）年、転機を迎える。伝統工芸の調査のために同町を訪れた千葉大学の**宮崎清さん**が、町民と交流を深めながら、野山の材料と伝統の技を活かした生活道具づくりを継承、発展させる運動を提唱したのだ。この生活工芸運動は、高齢者にものづくりの楽しさを教え、それが彼らの生きがいとなっていった。そして2003（平成15）年、「奥会津編み組細工」は国の伝統的工芸品に指定されるにいたった。

目黒さんの作業場につるされていた、マタタビ細工に使用するひご。マタタビの蔓からつくられる。

「寒ざらし」で強く美しくなるマタタビ細工

現在78歳の目黒政榮さんも、生活工芸運動の影響を受けたひとり。建設会社を定年退職後、「ひまつぶしに」とマタタビ細工に取り組み始めた。目黒さんの場合、父親が自家用につくっていたこともあり、わりあいすんなり入っていけたそうなのだが、同じような理由で退職後に始める人は多い。三島町の人々にとって編み組み細工の仕事は、子どもの頃から身近な存在であるゆえに趣味的に始めることができ、しかも現金収入が得られることが魅力になっているのだろう。

目黒さんは気軽に始めたものの、マタタビ細工の名手の五十嵐文吾さんに教わり、満足できるものがつくれるようになるまでには10年ほど要したという。とくに、米とぎざるなどの底から立ち上がる部分を編む技術の習得には苦労したのだとか。現在では、米とぎざる、そばざるなどを製作している。

取材に訪れたのがマタタビの採取時期であったことから、細工用のひごづくりの工程を見ることができた。マタタビの採取時期は11月初旬から12月初旬に限られるため、そのわずか1カ月の間に1年分をまとめて確保しなければならない。目黒さんは年に約100kgのマタタビを消費するが、その量のマタタビを集めるために足場の悪い水辺、沼地を10日ほど探しまわる。そして、採取したマタタビは乾燥する前に手早くひごに加工しなければならない。山ぶどうと違って編む際に型を用いないマタタビ細工は、よりいっそう製品の質が材料のよしあしに左右される。また、つくられる製品がおもに台所用品なので、価格を高くすることも難しい。つまり、製作に手間がかかるわりには儲からない。それゆえ、つくり手の多くは山ぶどうに流れていく。

しかし、編み終えたざるを軒先につるす「寒ざらし」の工程を経ることで寒

荒屋敷遺跡
あらやしきいせき。三島町宮下地区の只見川流域で発見された、縄文時代晩期後半（約2400年前）から弥生時代初頭にかけての遺跡。縄文時代の生活を伝える植物素材の編組品や漆製品、繊維製品などが出土した。

宮崎清さん
みやざき・きよし（1943〜）。千葉大学の教授、理事・副学長などを経て現在は千葉大学名誉教授、放送大学学園特任教授・千葉学習センター所長。伝統的工芸品産業審議会委員、日本デザイン学会監査なども務める。わら文化をはじめとする生活用具の研究で知られ、地域の自然や伝統、暮らしの文化といった資源を活かした産業の振興や地域開発にも多くかかわってきた。

技を見る

手早く、正確な作業が質を決める
目黒さんのマタタビひごづくり

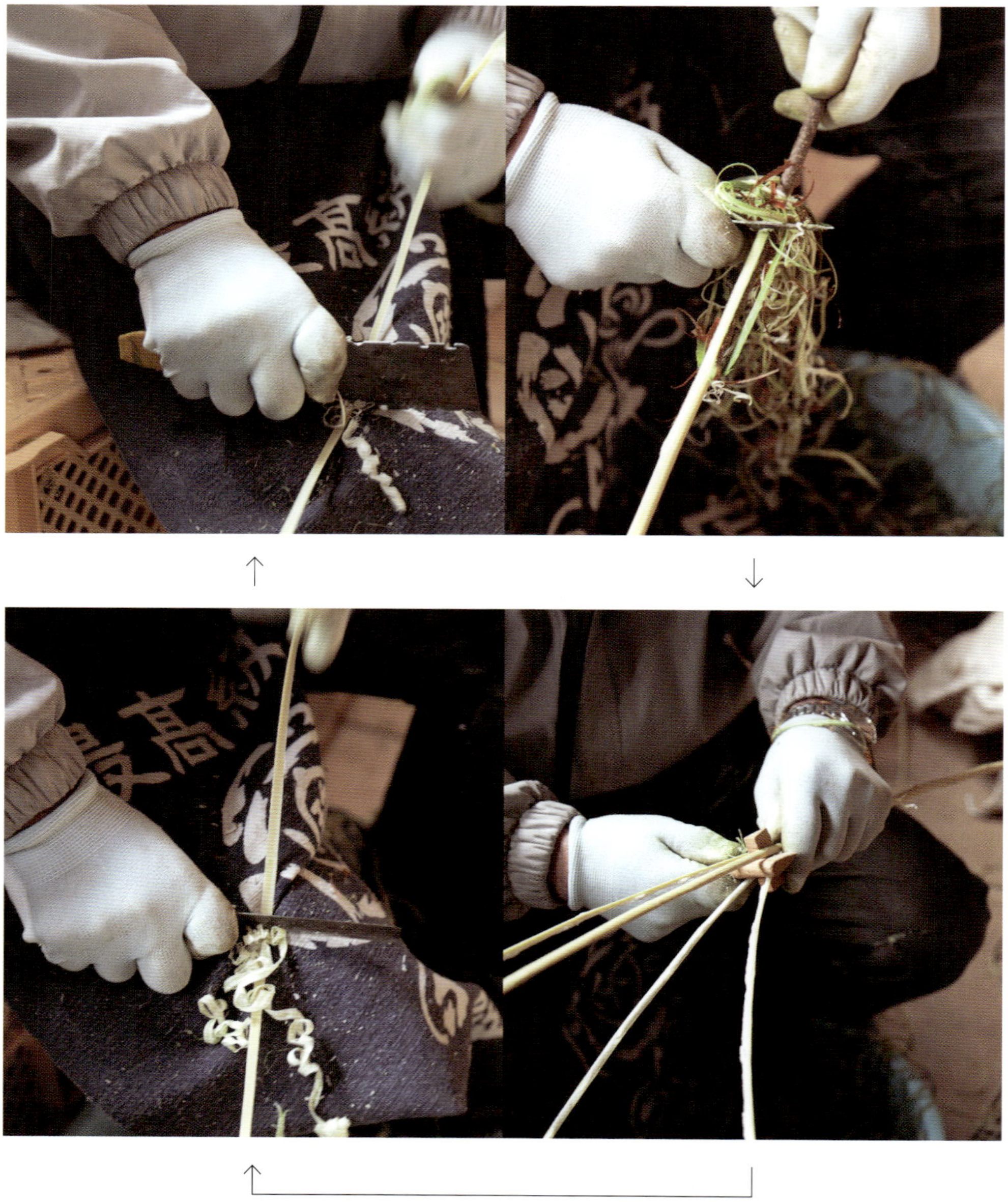

(右上) マタタビの皮はぎ作業。表面の皮をナイフで削りとる。
(右下) 皮はぎのあとは、裂き割り作業をする。この作業で蔓を太さに応じて4、5本に裂く。
(左下)「こき」または「しんどり」と呼ばれる、ひごを薄く削ぐ作業。
(左上) 幅ぞろえの作業。自作の刃物を用いて、部位ごとに太さの異なる蔓を用意する。

（右上）山ぶどう細工を手がける青木基重さん。
（右下）版画もたしなむ青木さんは、版画用のプレス機を山ぶどう蔓の皮なめしにも用いる。薄く、均一になるが、素材本来の素朴さが失われてしまうという弱点も。
（左上）青木さんの作業場に並べられたいろいろな種類の木枠、山ぶどう細工には土台となる木枠が欠かせない。
（左下）手さげかごの縁を編む作業。

山ぶどうの手さげかごの縁は、矢筈縁（矢筈巻き、じゃばら巻き）で巻く。

風を受けて丈夫になり、雪に反射した陽光を受けて白く輝くマタタビ細工の美しさは格別だ。

経年変化が楽しめる山ぶどう細工

　次に訪れたのが、山ぶどう細工を手がける青木基重さん。農家、宮司、小学校の教員と三足のわらじをはいていた青木さんは、教員を退職した14年ほど前、本を見ながら本格的な製作に入った。農業をしていた頃にも蓑《みの》やかごをつくっていたが、当初は型がうまく抜けず、名人として知られた長郷千代喜さんの手ほどきを受けたこともあったそうだ。

　作業部屋に入ると、久野さんはまず銀色の機械に注目した。これは版画をプレスするための機械で、パスタやうどんなどの製麺に使われることもあるそうなのだが、青木さんは山ぶどう蔓の皮を薄く加工する際に用いている。これに対し、久野さんは懸念を示す。

「近頃、三島町のかごやざるの人気が高くなり、それは喜ばしいことではあるけれど、少々きれいすぎるように思っています。たとえば、手さげかごは

作業をする青木さんの後ろには、農業をしていたときにつくったという蓑がかかっていた。

山ぶどうの蔓の皮。採取の時期は6月下旬から7月中旬にかけてで、皮の厚み、色などから、細工するには30年以上のものが適している。

マタタビを手にする目黒さん。マタタビは谷間などの湿気の多いところに自生する。

かばんではなく、もともと山に入る背負いかごから始まったもの。均一性、画一性を求めるのではなく、もっと素朴で粗野な部分があっていい。これでは、生活工芸品ではなく嗜好品になってしまい、日用の道具から離れていってしまう」

三島町生活工芸館の五十嵐義展さんによると、三島町が主催する「ふるさと会津工人まつり」、「三島町生活工芸品展」といったイベントには全国から観光客が訪れ、その数は年々増える一方なのだそうだ。そして観光客にとくに人気なのが、山ぶどうの手さげかごだという。こうした状況だからこそ、素材感が伝わり、丈夫で、使い込むほどに色合いが深まるという山ぶどう細工の本質を見つめ直すべきなのかもしれない。

《訪ねたつくり手》

三島町生活工芸館

「生活工芸運動」の流れをくんで、1987（昭和62）年に地域のものづくりの拠点として誕生した施設。「奥会津編み組細工」は2003（平成15）年に国の伝統的工芸品に指定された。

福島県大沼郡三島町大字名入字諏訪ノ上395

0241-48-5502

見て学ぶ

野山の素材を自在に活かす編み組み細工の里のものづくり

米あげざる〈マタタビ〉（φ27×H15㎝）4600円

あじろ編み手さげかご〈山ぶどう〉（W33×D14×H20㎝）43000円

そばざる〈マタタビ〉（φ31・5㎝）3900円

浅ざる〈マタタビ〉（φ27×H7㎝）3300円

10

山形県鶴岡市

地域の伝統「腰テゴ」から
独学で研究を重ね
多種多様な製品づくりへ

温海《あつみ》のあけび蔓《づる》細《ざい》工《く》

「ナタテゴ」製作中。蔓の弾力をおさえ、扁平にするために半月ほど型ではさんでおく。

女性ドライバーから あけび蔓細工職人へ

その日の日本海は静かで、海から空にかけて無彩色がグラデーションとなって重なり、どこか心寂しげだった。その対比もあるのだろうか、まもなく80歳を迎えようかという本間和子さんの明るさ、快活さが強く印象に残った。

1935（昭和10）年生まれの本間さんは、20代の頃、まだ女性が社会に出て働くことすらめずらしかった時代、故郷の新潟から上京し、外務省所管の国際文化振興会（現在の国際交流基金）で男まさりにドライバーをしていた。いわゆる〝翔んでる女〟の先駆け的存在で、当時は新聞にも掲載されたという。その後、日本海に面する寒村だった旧温海町（現在の山形県鶴岡市）に住む漁師の男性に嫁いだ。そんな本間さんがあけび蔓細工を始めたきっかけも面白い。

「自分が浜にいると、すぐに見つかってしまう。ＰＰバンドでできた（海藻を採るのに使う）腰テゴが目立っていたのね。それが恥ずかしくてみんなが使っていたあけび蔓の腰テゴを自分でつくり始めました」

独学から始まり 独自の美意識に到達

それからは本を買い集めて独学の日々。籐工芸の本を参考に、あけび蔓で実践したりした。腰テゴに始まり、ナタを入れるための袋「ナタテゴ」から各種のかごやマガジンラックなどまで、あらゆるものを製作するようになった。久野さんとのつき合いのきっかけになった製品でもあるナタテゴは、

ＰＰバンド
荷物の梱包などに使用されるプラスチック製のバンド。ＰＰはポリプロピレンの略。

本間和子さん。日本海に面した旧街道沿いの集落に暮らす。

本間さんがあけび蔓細工を始めるきっかけとなった「腰テゴ」。昔は海藻を採るときに使われたそう。

あけび蔓。三つ葉、五葉の両方を使用。秋になるとみずから運転する車で旧山北町のほうまで採りに行く。3、4年ぶんは確保している。

本来山での作業時に使うもので、このあたりではつくられていなかったが、本間さんは竹細工の本に載っていたのを見よう見まねでつくった。実際、本間さんの仕事場には編み組み関連のさまざまな本があり、熱心に知識を吸収してきたことがうかがえる。

材料のあけび蔓は、いまもみずからハンドルを握り車で山へ採りに行く。採ったあとは、蔓の長さや太さをそろえて束にまとめておく。その量は、「生きている間は不自由しない」と笑うほど確保している。

本間さんがつくるものには継ぎ目が見えない。蔓がなくなったら内側に差し込み、目立たないところから足しているので、まるで1本の蔓で編んだように見える。これは、独学の試行錯誤のなかから生まれた美意識なのだ。

かつてはこのあたりにもあけび蔓細工のつくり手がいたが、いまでは本間さんぐらいしかいないという。注文も多いそうだが、「畑仕事も好き」という本間さんが製作するのは部屋にこもる冬の間が中心。こうした趣味と仕事の間というスタイルが、消えゆく編組品の仕事を継続させるひとつの方法なのかもしれない。

《訪ねたつくり手》

本間和子（ほんま・かずこ）
1935（昭和10）年生まれ。20代の頃都内でドライバーを務めたあと、漁師の男性と結婚し旧温海町へ移住。あけび蔓細工を独学で始める。
（問）道の駅「あつみ」しゃりん（0235-44-3211）

見て学ぶ

技術と力を要するあけび蔓をあえて選んだ本間さんの繊細かつ力強い仕事

あけび持ち手筒かご（φ 16.5 × H22.5㎝）19950円

あけび手つきマガジンラック（W53 × D30 × H23㎝）31500円

あけび買いものかご（W31 × D17 × H17㎝）19950円

あけび炭取りかご（W26 × D24 × H13.5㎝）15750円

※手仕事による製品のため、上記とまったく同じ形状、価格のものはつくれない場合もあります。

11

新潟県東蒲原郡阿賀町

身近な山で採れる
多彩な材料を
豊富な知識と技術で製品に

東《ひがし》蒲《かん》原《ばら》の
樹《じゅ》皮《ひ》細《ざい》工《く》

山ぶどうの手さげの縁巻き作業。きれいな矢羽根模様が出るじゃばら巻き（矢筈巻き）だが、江川さんは方法を他所の製品をほぐして覚えたのだそう。

さまざまな仕事を経て 樹皮細工の世界へ

福島県の北会津地方に接する新潟県東蒲原郡阿賀町は、県内よりもむしろ会津の文化を色濃く残す。民具においても同様で、たとえば、堆肥や苗を運んだり、野菜を収穫したりするのに使う背負いかごをこちらでは「タガラ」と呼ぶが、これはもともと、会津盆地での呼び方。このタガラづくりの名人が、江川宗夫さんだ。

江川さんは高校を卒業後、農協に勤務し、畜産関係の指導をおこなっていた。その後1965（昭和40）年には商店を開業し、生活雑貨の販売のかたわら、畳の製作やカーペットの行商をして生計を立てていた。

その2年後、最初はあくまでも趣味としてかごをつくり始めた。もともとものづくりが好きだったこともあるが、父親の影響も少なからずあったという。江川さんの父は、郵便局に勤めながら近所の女性たちを雇い、雨蓑などの民具を製作していた。その様子を江川さんはいつもそばで見ていたのだ。

最初に手がけたのは、終戦後に糸魚川地域から伝わってきていたあけび蔓細工だった。そこから樹皮細工にのめり込んでいくまでに時間はかからなかった。いまは山ぶどうを中心にくるみ、ケヤキなどのさまざまな樹皮を用いて、手さげかごなどの実用品から、「タガラ」や箕のかたちをしたちりとり「メッカイ」までをつくっている。ちなみに、堆肥などをメッカイですくってタガラに入れるというふうに、このふたつは対で使われる。

工房で山ぶどうの手さげかごを製作中の江川宗夫さん。

職人のイメージをくつがえす “プロフェッサー”

一般的に職人といえば、伝統にのっとったやり方で同じものをくり返しつくる。数ものを正確に手早くできることが、職人の誇りといってもいい。加えて編組品の職人に限れば、寡黙で素朴な人が多い。かたや、その経歴ゆえか生来の気質ゆえか、江川さんは博学で弁も立つ。素材や製法への探求心も人一倍旺盛だ。

素材の採取はすべて自分でおこなう。雪が解け春になれば、山菜採りに行き、まずは体を慣らす。5月の連休が明ければ山桜、くるみ、ケヤキなどを、6月上旬からは山ぶどう、秋になればあけび蔓を採りに行く。もっとも多いときには年間で約1トンの樹皮を使用したという。全国の編組品の製作者を知る久野さんが、「これだけなんでも使う人はいない」と驚くが、その情熱を示す一例が素材の一部にツキケヤキを使った手さげだ。

2003（平成15）年に**日本民藝館賞**を受賞した「ツキケヤキと山ぶどうの手さげ」は、樹皮細工のなかに木材を使用するという斬新さが評価された。木材は最初は桐、次はくるみと試行錯誤を重ねた末にツキケヤキに行き着いた。この手さげは、ツキケヤキを横にまわすひごとして使い、3本に分けた

日本民藝館賞
日本民藝館展（→64頁）の最高賞。

（上段）江川さんのアイデアの結晶、「ツキケヤキと山ぶどうの手さげ」。2003（平成15）年に日本民藝館賞を受賞。
（中段）背負いかごの「タガラ」と、ちりとりの「メッカイ」。ふたつの農具はセットで使用されるものだった。
（下段）底面が約10×約13cmの型を3つつなげることで底の長さが約40cmの手さげをつくることができる。

江川さんが経営するこやま屋商店の外観。この商店が、民具工房も兼ねている。

工房の下の駐車場には、あけび蔓やメッカイの枠となる桜の枝などの素材が保管されていた。

工房に置かれた木型。

山ぶどうの縦ひごでツキケヤキをおさえている。この縦ひごは、機能面だけを考えれば、じつは2本でも4本でもかまわないという。しかし、機能だけでなく意匠も考慮すると、3本のバランスが最適だった。こんなこだわりに、江川さんの技術とセンスがうかがえる。

製法では、型にこだわりがある。一般的に山ぶどうの手さげなどをつくる際には木型が必要となるのだが、必要最低限の数をそろえて、あとは積み木の要領で組み合わせを変えることで多くのサイズに対応できるように工夫している。

今年で76歳という江川さんだが、ずいぶん若々しく見える。それは衰えることのない、自身の仕事への好奇心のおかげなのではないだろうか。

《訪ねたつくり手》

民具工房えがわ（みんぐこうぼうえがわ）

江川宗夫さんは1937（昭和12）年生まれ。農協での勤務を経て、商店を開業。30歳のときにかごづくりを始める。奥さまのミツ子さんもくるみの手さげなどをつくる。

新潟県東蒲原郡阿賀町両郷乙757－1

0254－95－2450（こやま屋商店内）

見て学ぶ

伝統農具から買いものかごまで探究心旺盛な江川さんの多彩な製品

ナタ入れ（W11 × D7 × H19㎝）〈右・くるみ、山ぶどう〉、〈左・くるみ〉

タガラ（W63 × D51.5 × H66㎝※背当て部分）

メッカイ（W54.5 × D51 × H13㎝）

山ぶどう、ケヤキ買いものかご（W39 × D15 × H30㎝）

山ぶどう市松編買いものかご（W37.5 × D12 × H27㎝）

山ぶどうタナ編買いものかご（W28.5 × D9.5 × H21㎝）

※価格は要問合せ

12

千葉県南房総市

房《ぼう》総《そう》の竹《たけ》細《ざい》工《く》

豊富な竹材を用い
農業用から漁業用まで
用途に応じた幅広い製品

佐藤博さんがつくる「背負いかご」。

南房総の女竹の用途は
竹垣からうちわ、かごまで

関東地方最南端の駅、千倉駅を降りて少し歩くと、7、8mになろうかという女竹が束にして立てかけられた、圧巻の風景が目に飛び込んできた。訪ねたのは、高橋竹材店。女竹の産地として知られる房総の竹材店だ。店の奥ではたまたま横笛に適した女竹の選別がおこなわれている最中だったが、本来は建築材としての使用が中心で、ほかに日本三大うちわといわれる「房州うちわ」、そして竹細工にも使われる。千倉の竹細工の歴史は江戸時代にさかのぼるといわれ、1940（昭和15）年に安房竹細工組合が結成された当時の名簿によると、安房郡には約270名の製作者がいて、そのうち約70名が千倉の人だった。

高橋さんによると、女竹は11月から2月頃にかけて、南房総市内の山で3～6年ものを採取し、都内にも卸しているという。地元ではこの女竹を使って何がつくられているのか。高橋さんが竹材を卸している佐藤博さんの工房へ向かうことにした。

南房総の春を象徴する
菜の花と花かごのある風景

南房総の早春の風物詩といえば、黄色い菜の花に代表される花々。この季節、館山市と南房総市を結ぶ海岸沿いの道路「房総フラワーライン」では、大きなかごに花を挿して販売したり、かついで運んだりしている女性の姿をしばしば見かける。この「背負いかご」を製作しているのが佐藤さんだ。「花かご」とも呼ばれるが、花以外にも、海苔や天草、イワシなどの収穫時の入れものとしていまも需要があり、スーパーやホームセンターでも販売されている。

今年で84歳になる佐藤さんは24、5歳の頃から約60年間、ひたすら背負いかごだけをつくり続けてきた。久野さんの知るかぎり、単一のものしかつく

技を見る

同じかたちをつくり続けて60年。
佐藤さんのかごづくり

（右上）女竹で底を編んでいく。白いのは孟宗竹で、「はり」と呼ばれ補強の役割を果たす。（右下）かごの立ち上がり部分からは立って作業をする。（左下）底から3、4cmのところまでの横ひごには、女竹よりも丈夫な真竹を用いる。（左上）女竹の身の部分を16本束ねたものを縁の内側にまわす。縁を巻くというよりは、しばるというほうが近い。縁が内側にはり出しているのは、持ちやすくするため。

らない竹細工の職人は全国でも数名しかいない。いまは月に15個ほどだが、戦後から昭和30年頃にかけてのもっとも売れていた時期には早朝から夜の10時頃まで働き、月に30個以上はつくっていたというから、生涯に製作した背負いかごはとほうもない数になる。

そんな佐藤さんが、いい思い出だと語るのは、1990（平成2）年に大阪で花博が開催された際、依頼を受けて地元の職人ら4人で巨大なかごをつくり上げたこと。巨大なものをつくる技術は、ここ南房総にしかなかったそうだ。

農業用から漁業用まで 地域に密着したかごのかたち

じつは南房総では女竹にかぎらず、真竹や孟宗竹も採れる。「背負いかご」ひと筋の佐藤さんとは対照的に、真竹を用いて、近隣で採れる長芋を入れる「長芋かご」、海苔や貝を入れる「ひござる（地元では「ふご」と呼ばれる）」、船上で網を回収するのに使う「網入れかご」など、この地域に特有の多様な製品をつくる器用なつくり手が宮田弘さんだ。宮田さんは言う。「貝類なんかは、プラスチック容器に入れるよりも、竹のかごに入れるほうが長生きするよ」

宮田さんがつくる、とくに漁業用のかごは、海水に濡れたり、手荒にあつかわれたりするため、かたくて細工が難しいが耐久性のある2年半〜3年ものの真竹からつくった分厚いひごでがっちりと編まれている。その配慮は製品に模様がくっきりと表出するという視覚的な美しさも生んだ。機能を追求した結果、美が生まれる――まさに民藝の成り立ちを示す実例といえるだろう。実際、かつて久野さんが**日本民藝館展**に南房総のかごを出展した際にも、

（上）「長芋かご」を製作中の宮田さん。本来の長芋かごは底の長さが約120cmあるが、こちらは約60cmに縮小。製品のサイズは底の長さで決まる。
（中）「ひござる」の縁を編んでいるところ。
（下）「網入れかご」。千鳥縁が特徴。　※以上3点すべて宮田さん

日本民藝館展→64頁
柳悦孝→19頁
『手仕事の日本』→18頁

房総半島の海の玄関口のひとつ、金谷港。遠方には鋸山（のこぎりやま）がそびえている。

千倉駅の周辺にもう1軒竹材店を発見。敷地には女竹のほか、孟宗竹や真竹も。竹の取引は円周が単位となり、女竹で尺7寸、真竹で尺8寸のなかに何本の竹が入っているかが売買の際の目安になる。

高橋竹材店に立てかかっていたのは女竹。佐藤さんの場合、女竹1本から12、3本のひごがつくれるという。

その力強い美が評価され入選を果たした。さらにそれまで久野さんに憎まれ口を浴びせてばかりいた柳悦孝が、かごを見て久野さんをずいぶんほめたそう。それは彼がかつて住んでいた土地で見かけ、一目置いていたかごを久野さんが見つけてきたためで、以来ふたりはすっかり親しくなったのだとか。

柳宗悦はかつて『手仕事の日本』のなかで、「品物を通して眺めますと、東京に近い千葉県や神奈川県は特色に乏しい地方になりました」と述べた。ところが、房総にはこんなに個性豊かなかごがある。そして今日もまた、首都圏の片隅ですぐれた手仕事が生み出されているのだ。

《訪ねたつくり手》

佐藤博（さとう・ひろし）
1929（昭和4）年生まれ。24、5歳でこの仕事を始めて以来、「背負いかご」のみをつくり続けている。84歳になったいまも、月に15個ほど製作している。

宮田弘（みやた・ひろし）
1952（昭和27）年生まれ。都内で板前をしていたが、31歳のときに帰郷し、父のかたわらで竹細工を始める。頼まれればなんでも応じられる応用のきくつくり手。

(問) もやい工藝 0467-22-1822

見て学ぶ

農業、漁業が盛んな土地ならではの用に即した多彩な造形の魅力

女竹背負いかご（φ50×H46cm）8400円ⓐ

ひござる（φ33.5×H26cm）8400円ⓑ

草取りかご（W37×D31×H17.5cm）8400円ⓑ

びわ入れかご（W38.5×D28×H22cm）7350円ⓑ

苗代かご（W43×D42×H15.5cm）7350円ⓑ

長芋かご（W62×D25×H15cm）14700円ⓑ

ⓐ佐藤さん、ⓑ宮田さん

13

山梨県南都留郡富士河口湖町

河《かわ》口《ぐち》湖《こ》のスズ竹《たけ》細《ざい》工《く》

しなやかで軽い
富士山麓のスズ竹で
地域の用を満たす製品を

「甲州郡内ざる」に「つる」と呼ばれる補強用の竹を取りつける作業。

スズ竹細工の拠点
勝山スズ竹伝統工芸センター

駐車場に車を停めると、たなびいていた雲がすっと消え、富士山頂が姿をあらわした。この地域では、日本一の山の恩恵を授かり、江戸時代初期より竹ざるづくりがおこなわれてきた。

富士河口湖町にある「勝山スズ竹伝統工芸センター」の一室は、陽光が射し込む穏やかな空気のなか、材料のへご（一般的にはひごと呼ばれる）をこしらえる音や、竹と指先が擦れあう音、先輩が後輩にアドバイスする声などが幾重にも重なり響いていた。会員は総勢で25名程度、1日に10名ほどが通う。県外から来ている人も少なくない。定年後から始めた人が中心だが、なかには会社に勤めながら休日を利用して通う40代の男性もいる。

使用する材料は富士山の2、3合目に自生しているスズ竹。採取は3月頃で、できるだけ細いものを選ぶ。しなやかで軽く、香りがよく、耐久性にもすぐれているのが特徴だ。

地域伝統のかたち
甲州郡内ざる

地元勝山出身の会長、小佐野希人さんの話では、往時はどの家庭でもスズ竹細工をしていた。戦時中には軍隊からの指示で、集落総出で「**防暑帽体**」と呼ばれる帽子を編み、南方戦線の兵士のために送っていたという。

また、古くからつくられているスズ竹細工の定番製品として、地域を代表するものに「**甲州郡内**ざる」がある。本来は米をあげるためのざるなのだが、スズ竹は水切れもよいことから野菜を

防暑帽体
ぼうしょぼうたい。戦時中、行軍の際に使われた帽子。「帽体」は、飾りなどをのぞいた帽子本体のことをさす。通気性がよく丈夫なスズ竹の帽体は、高温多湿な東南アジアをはじめとする南方戦線にはぴったりな装備だった。

甲州郡内
こうしゅうぐんない。山梨県東部の大月、谷村、西桂、富士吉田、富士五湖一帯などを含む地域。かつて甲斐の国が東部の甲州郡内、西部の国中（くになか）という2地域に分かれていたことに由来する呼び方。

富士河口湖町勝山スズ竹伝統工芸センターの目の前にそびえる富士山。

取材日に来られていた会員の方々。中央に置かれているのが「背負いかご」。

「甲州郡内ざる」を製作中の小佐野希人さん。地元勝山出身で子どもの頃から家業のスズ竹細工を手伝っていた。

洗ったりするのにもいい。

このざるは、補強のため外周に「つる」と呼ばれる竹をまわしているのが大きな特徴となっている。これは「つる」＝「吊る」という意味で、かつてはざるが商店の軒先につり下げられ、釣銭の授受などに使われていたためとも考えられる。サイズは大ぶりで、一斗、五升、三升などがある。

そのほか、かつては茶碗かごとしても使われた「うどんざる」があるが、これはいまではそばざるとして使われることがほとんどだ。とりわけ底の部分のあじろ編みが美しい。

センターでは、つくったものはみずからが販売でき、その収入は本人の手元に入る。上達すればそれだけ売れるようになるから、はりあいも出る。アットホームな雰囲気と個人に認められた自由が、長続きする秘訣なのだろう。そしてこれが歴史の一部となり、後世に連なっていく。

《訪ねたつくり手》

富士河口湖町勝山スズ竹伝統工芸センター

1979（昭和54）年に開校した、勝山村甲州郡内ザル学校が前身。2011（平成23）年より現在の名称に。60代以上の方を中心に、総勢約25名がスズ竹細工に取り組む。

山梨県南都留郡富士河口湖町勝山 4029-5

0555-83-2111

見て学ぶ

定番のざるから大ものまで 地域の伝統として継承される技術

うどんざる〈大〉（φ 32 × H5㎝）
3500円

背負いかご（φ 49 × H47.5㎝）16500円

米とぎざる（φ 40.5 × 23㎝）
5500円

14

長野県長野市

霊山・戸隠山のふもとで
400年以上に渡り
受け継がれる竹細工

戸《と》隠《がくし》の根《ね》曲《まがり》竹《だけ》細《ざい》工《く》

戸隠根曲竹細工のロングセラー商品のひとつ「かばんかご」を制作中の中川綱昌さん。

信州の農作業の必需品「善光寺箕」

戸隠と聞いて連想するものといえば、神々しいまでに険しく美しい戸隠連山、そしてそばを挙げる人が多いのではないだろうか。戸隠でそばきり（それまでの「そばがき」や「そば餅」に対して「そばきり」と呼ばれた）が食べられるようになったのは江戸時代で、そばきりを盛るためのざるも江戸時代にはつくられていたという。ただ、昔はそば用としてだけでなく、野菜の水切りなどにも使われていたために、いまのかたちよりも深さがあったそうだ。

根曲竹。採取は９月から10月にかけておこなわれる。袴（節に残っている皮）が多いほど新しい。右から３年、２年、１年程度。3、４年以上のものは使えない。かばんかごの場合、本体には編みやすい２年もの、縁巻きには１年ものを用いる。

昭和30年代頃までは、信州一円で使われた「善光寺箕」や、その箕の技術を活かした「肥料ふりかご」などの農作業の道具がつくられていたが、それらの需要が減少し、多くのスキー客が訪れるようになった昭和30年代以降は、もっぱら観光客の土産ものとしての「かばんかご」や「そばざる」が人気となっている。

農具から土産ものへ竹細工が続いた理由

戸隠を代表するかごづくりの名人が、中川綱昌さんだ。１９３４（昭和９）年生まれの中川さんは、戦後まもなく父親のかたわらで竹細工を始めたが、当時は集落のどの家庭も竹細工に従事していたという。最初は箕や肥料ふりかご、やがて観光客が押し寄せるようになると、「かばんかご」と呼ばれる買いものかごを製作するようになった。

ほかの産地では、農閑期にあたる冬の間に副業として竹細工をおこなうことが多いが、こちらでは稲が育たないという土地柄もあり、農業ではおもに自家用のそばや野菜を育てるくらいで、竹細工が本業となっていた。中川さんは言う。

「もっとも忙しいときは、食べるときと寝るとき以外、1日16時間ほどつくっていました。それでも売れたし、（安いから）それだけつくらないと生活できなかった」

しかし、農機具の普及により箕が、プラスチック容器の台頭によりざるが売れなくなり、元気な若者から順に、竹細工をやめる人が増えていった。

全国の竹細工の工房をのぞくと、夫婦で仕事をしているところが多い。ひとりが材料となるひごをつくり、もうひとりが編むといった具合だ。しかし戸隠では、長い冬の間の薪集めが女性の仕事だったため、材料となる根曲竹の採取からひごづくり、編み込みまでを男性がおこなう。根曲竹のひごづくりには、現在では竹割り機を導入している産地も多いが、戸隠ではうまくいかなかったそうだ。

「つまり、戸隠の根曲竹細工は丈夫で、力強いということ。だから女性には難しかったんじゃないかな。根曲竹は信仰の山として女人禁制だった戸隠山の斜面で採取するため、男性の仕事になったという理由もあるかもしれない」

と久野さんがつけ加えた。

善光寺箕

ぜんこうじみ。かつて戸隠でつくられ、信州一円に普及していた農作業用の箕。近在の善光寺が古くから全国的に知られる存在だったためか、善光寺箕と呼ばれた。現在、戸隠に箕づくりの技術を受けつぐ人はいなくなってしまっている。

技を見る

60年以上くり返されてきた熟練の技、中川綱昌さんのかごづくり

地元では「かばんかご」と呼ばれる、いわゆる買いものかごを製作中の中川綱昌さん。

「かご目編み（六つ目編み）」のなかに縦ひごを再度返して「2本麻の葉編み」にする。より目が細かく、丈夫になる。

編み終えたら、余分な縦ひごをはさみで切る。

耐久性を高めるため、残した縦ひごを内側に巻き込んでいく。

縁にまわす竹を加工する。重なり合う部分は薄くそいであらかじめ傾斜をつけておく。

本体の縁まわりに合うように微調整をくり返す。

テープのように薄く加工した竹で、両端をつなぎ止める。

竹は燻すことで曲がりやすくなるので、燻してから本体にセットする。

縁巻き用の竹を用意する。巻きやすくするため、これもテープ状に薄く加工する。戸隠では縁巻きにも針金や籐ではなく竹を使う。

「金毘羅つなぎ」で縁を巻く。この巻き方は戸隠の職人が香川へ金毘羅参りに出かけた際、見つけたかごからヒントを得たのだとか。

1周巻いたら最後に結ぶ。

本体ができあがり。あとは持ち手をつければ完成品になる。

技を見る

適材適所、竹の性質を見極めて製品を仕上げる
井上栄一さんのそばざるづくり

ひごづくりをおこなう井上栄一さん。

ひごの厚みを調整する。

7.5 寸のそばざる用にひごの数をそろえる。中心のあじろを編むひごの本数はつねに同じで、小さいざるを編む場合はひごを細くする。

底の部分から編み始めるが、まずはあじろ編みで円周をつくっていく。

あじろ編みの際、通常は職人が周囲をまわりながら編んでいくのだが、腰を傷めている井上さんはひざをついた状態で竹をまわす。

底の中心部をあじろで編んだ後、「七まわし」と呼ばれる工程で、ひごを 7 周程度まわす間に均等に広げていく。

型をあて、7.5 寸に合わせる。

ざる目編みでさらに外側へ編み進める。戸隠のざるは料理の水分を吸収してしまわないよう、竹の皮を内側にして編むのが特徴。

ここからは 2 年ものなかでもかための竹で編んでいく。外側に行くほど、かたい竹を使う。

縦に通る 2 本のひごのうち 1 本を編み込む。そば屋用のざるは縁を細くするため余ったひごを切るが、編み込んだほうが耐久性は増す。

これでざる本体は完成。あとは縁巻きの作業を残すのみだ。

完成したそばざる。新品の青竹の状態から、しだいにこんなふうに青みが抜けていく。

根曲竹の特性を活かしたそばざるづくり

中川さんの店である「手力屋」から少し坂を上がったところにあるのが、「井上竹細工店」。こちらでは、竹細工職人のなかでは若手にあたる、まだ50代後半の井上栄一さんにそばざるの製作を見せていただいた。

まずは、ひごづくり。井上さんが手にしたのは、山の南斜面に生えていた2年もの。日当たりがいい場所だったために少しかためなのだが、そのほうがそばざるには好まれるという。ただ、そばざるのすべての部位に同じ竹を使うのではなく、底、立ち上がり、縁など箇所によってかたさを変えている。採取のときから、どの製品の、どの部位に使えるのか、を考えているのだ。竹を採る人とつくる人が同じだからこそできる芸当だ。

ひごづくりが終われば、底を編んでいくわけだが、中心部の「あじろ編み」、それからひごを7周ほどまわしながら３６０度均等に間隔を広げていく「七まわし」に特徴が見られる。立ち上がりに関しては、外側へ行くほどかための竹を用いたり、真竹などに

店先にも商品が積まれた「井上竹細工店」の外観。

竹で文字がつくられている「手力屋」の看板。

中川さんの道具。上がひごの幅をそろえる「ひごこき」。下は左からはさみ、さわぎり、なた。

は見られない根曲竹に特有の反りを活かしたりと、淡々としたくり返しの動作のなかに技術がちりばめられている。

現在、戸隠には10人以上の竹細工職人がいるそうだが、たしかな技術を持つ人となると、その数は半数以下となるという。また、井上さんが若いほうから2番目ということからもわかるように、つくり手の高齢化も問題だ。ほかの産地とくらべれば、土産ものとしての活路を見出してはいるものの、やはりここでも後継者の問題が頭をもたげている。

《訪ねたつくり手》

手力屋（たぢからや）
長男として生まれた中川綱昌さんは戦後より竹細工に従事し、箕や肥料ふりかごを製作。根曲竹の特性を活かした細かな細工のかご類を得意とする。
長野県長野市戸隠 3414-3
026-254-3004

井上竹細工店（いのうえたけざいくてん）
当代の井上栄一さんは祖父から竹細工を学んだ。かご、ざる全般を手がけるが、とくにそばざるづくりに定評がある。3人の子どもの父親だが、後継者は未定。
長野県長野市戸隠 3416
026-254-2181

見て学ぶ

根曲竹の特性を熟知した ふたりの職人の堅実な仕事

野菜入れかご（φ 40 × H16cm）12600円ⓐ

茶碗かご〈上げ底〉（φ 26 × H17.5cm）8400円ⓐ

かばんかご（W33 ×× D23.5 × H21cm）11500円ⓐ

きのこびく（W23 × D22.5 × H28.5cm）8400円ⓑ

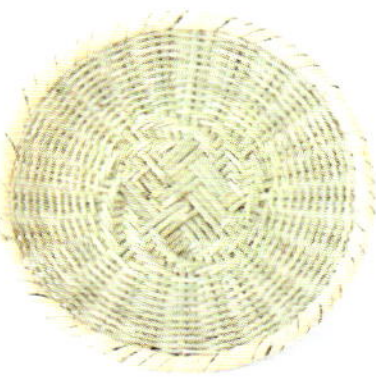

そばざる（φ 23cm）7350円ⓑ

平干しざる（φ 57 × H10cm）12600円ⓑ

ⓐ手力屋、ⓑ井上竹細工店

15

富山県氷見市

氷見《ひみ》のフジ箕《み》

伝えたのは修行僧か
それとも山の民か
600年間継承される技術

坂下さんの仕事場で野菜かごとして使われていたフジ箕。

昔もいまも変わらぬ「半農半工」の暮らし

能登半島のつけ根、氷見市論田《ろんでん》・熊《くま》無《なし》地区におよそ600年前に修行僧から伝えられたとされるのが、フジ蔓や竹で編んだ農作業の道具「フジ箕」だ。ただ、発祥について久野さんは大昔の「山の民」による伝承の可能性を指摘する。それは、この地域が箕づくりの伝統を持つほかの地域同様、山の斜面を切り拓いた土地であることからだ。

ともあれ、加賀藩に献上した製品のできばえが賞賛され、フジ蔓をはじめとする材料の収集に特別の保護を受けたフジ箕は、明治期には年間5万枚、大正期には年間10万枚が生産され、1960年代前半にいたるまで両地区の主要産業だった。まもなく80歳を迎える坂下武夫さんも、集落のほかの子どもたちと同様に、小学校を卒業する頃には箕をつくれるようになっていたそうだ。

昔もいまも、春から秋にかけての昼間は農業、夜間と冬の農閑期は箕の製作という「半農半工」の暮らしぶりにほとんど変化はない。坂下さん自身、最盛期には朝6時から夜10時まで働き詰めで年間500枚を製作したこともあったという。その納品先は加賀平野、富山平野はもとより、遠く北海道にまでおよんだ。しかし、農機具の登場により需要は激減し、氷見の箕づくりは消滅の危機を迎える。その矢先に舞い込んだのが、関西の西宮えびすなどで売られる「福箕」の注文だった。〝福を箕ですくいとる〟という意味を持つ福箕は縁起ものとして喜ばれ、いまも毎年3000枚ほどの注文があり、組合員総出で対応している。この福箕と、「収穫時にじゃがいもの皮を傷めない」という理由から重宝されている北海道からの年間200枚の注文が、フジ箕の製作者の収入の下支えになっているのだという。

異素材の組み合わせから生まれる造形美

坂下さんのもとを訪れたのは、11月下旬の冬支度に忙しい時期。仕事場には冬場のおやつになるのだろう、干し柿がつるされている。聞こえてくるのは奥さんが竹の節を削るシュッシュッという音。その隣では、坂下さんが「ヒラミ」という箕を平らに編む工程に取り組んでいた。

フジ箕づくりには、矢竹という竹が使われている。もともと日本にはなく、中国や朝鮮から入ってきた矢竹は、その名の通り弓矢の矢に使われた。そのため久野さんいわく、「篠竹などにくらべ粘りはないが、強靭で割れにくい」という特徴がある。フジ蔓を押さえつけるには、うってつけの素材というわけだ。

作業は夫婦でおこなうが、ふたりで矢竹の採取に行き、ひごづくりをおもに奥さん、編み込みを坂下さん、と役割分担が決まっている。竹を編み、その間に裂いたフジ蔓をはさみ、四隅などの痛みやすい箇所の補強用として、あるいははきだし口をすべりやすくするために山桜の皮をあしらい、最後にニセアカシアの木を枠に取りつけて完成するフジ箕づくりには、あらゆる自然素材を駆使する技術が求められる。その技術が生み出す製品は、箕が実用性を失ったいまもなお、すぐれた造形美をたたえている。

そうはいっても、箕の未来は到底明るいものではない。現在、箕だけをつくり、産業として成立している土地は、氷見のほかにはほとんど見あたらない。

肥料ふりかご→74頁

技を見る

異素材を巧みに組み合わせて製品にまとめあげる 坂下さんのフジ箕づくり

採取した矢竹を磨き、節を平坦にし、製作する箕に適した太さ、長さのひごに仕上げて干しておく。

坂下武夫さん。フジ蔓の皮をはいでいるところ。

小箕を製作中。平面上に編んでいく「ヒラミ」と呼ばれる工程。

矢竹の間に編み込むフジ蔓の皮。フジの蔓を年輪に沿って裂いてつくる。

フジ蔓の皮と身の一部を重ね合わせて矢竹の間にはさみ込んでいく。

強度が求められる箇所には山桜の皮を入れる（茶色い部分）。これが美しい模様にもなる。

「箕太刀（みたち）」と呼ばれる木の道具を使い、たたきながらフジを入れ込んでいく。

ニセアカシアでつくった枠にヒラミをはめて、製品に仕上げていく。

軒下に積まれていた、冬支度のための野菜。

美しい棚田の風景が広がる論田地区。

夫婦ふたりの役割分担で仕事をこなす、坂下さん夫妻の仕事場風景。

そんな状況を憂いた久野さんは、箕の技術の応用から生まれたと推察する宮城県黒川郡大和町の「肥料ふりかご」の事例を参考に、坂下さんにふたつきの収納かごの製作を依頼した。それまで経験したことのなかった〝ふたを合わせる〟という作業に相当苦労したらしく、「もうこりごり」と笑う坂下さんだったが、箕のように立ち上がりがふくらんだかごのかたちは、久野さんを感動させるできだったという。

　伝統の技術を活かしつつ、現代の用にかなう製品を生み出す。この例のような新しい発想に、箕をはじめとする廃れゆく編組品を未来へつなぐヒントがありそうだ。

《訪ねたつくり手》

坂下武夫（さかした・たけお）

70年近くに渡り、箕ひと筋に製作し続けてきた坂下武夫さんは、現在、「論田・熊無藤箕づくり技術保存会」の会長を務める。久野さんが出品した製品が、日本民藝館展奨励賞を受賞したことも。

（問）もやい工藝　0467-22-1822

見て学ぶ

箕づくりひと筋の職人、坂下さんの伝統の技と新たな挑戦

フジ皮ふたもの（W35 × D35 × H23㎝）21000円

フジ皮箕（W31.5 × D38 × H9.5㎝）8400円

16

佐賀県武雄市

角メゴ、万石ジョウケ…
農業の盛んな土地で
生まれた独特のかたち

多《た》々《た》良《ろう》の真《ま》竹《だけ》細《ざい》工《く》

全身を使って大きな「角メゴ」づくりをする池田さん。

やきものと竹細工の里
武雄市西川登町

平野が多く、農業が盛んな土地柄というのも関係しているだろう。佐賀県武雄市西川登町《にしかわのぼりちょう》には、最盛期には500人もの竹細工職人がいたといわれる。また西川登の弓野、小田志《こだじ》、庭木という集落は二彩唐津に代表される唐津焼でも知られた。農作業用として、あるいは唐津焼をはじめ近隣の有田焼、波佐見焼などのやきものの収納用として、西川登のかごやざるは隆盛を極めていた。

こちらでは九州で一般的な真竹ではなく、おもに淡竹《はちく》を用いる。真竹も採れるにもかかわらず、径が細く、そのため数を集めなければならない淡竹を使うのだ。「使いやすい」というのがその理由なのだが、これは竹細工の常識からは外れている。また縁の巻き方にしても、九州の他所が右巻きなのに対し、この地域では左巻き。これについては、久野さんの興味深い話がある。

「これはやきものも同じ。九州ではろくろの回転は左まわりが一般的だが、これは朝鮮陶技の影響。あくまでも推察ですが、この地域にはやきものだけでは食べていけず、竹細工もつくらざるを得なかった陶工が多かったのではないか。その結果、縁の巻き方も左巻きが広まっていったのではないか、と考えています」

しかしいまや西川登どころか、佐賀県の竹細工そのものが風前の灯。その貴重なつくり手のひとり、池田孝雄さんのもとを訪ねた。

竹雄屋竹細工店の倉庫。天井にたくさんの製品がつるされていた。

柳宗理も愛した
用即美の日用品「角メゴ」

軒先には、「竹細工」の看板とともに、かごにみかんが盛られて売られていた。この20年来、池田さんの本業はみかん農家なのだ。息子さんは池田さんがつくったもののほか、仕入れた竹製品を神社の市に持っていくなど商売には熱心だが、みずからつくる気はない。竹細工は割に合わないし、もう自分の代で終わりだと池田さんはため息をつく。

しかし、真竹と淡竹を使い分けてつくりあげる池田さんの竹細工は、失くしてしまうには惜しいほどに魅力的だ。とくにその造形に目を惹かれたのが、「万石《まんごく》ジョウケ」と「角メゴ」だった。

万石ジョウケは米をあげるためのざるで、米を入れてひきずりやすいように船のかたちをしている。これは佐賀平野独特のかたちだという。

角メゴは四角いかごで、ふたつをひもでつなぎ、収穫した米などを入れて歩く際に用いる。底が「イカダ底」、胴が「ござ目編み」という編み分けの対比も見事だ。また、イカダ底には皮を磨く前の青竹を、胴には磨いた竹を使っているのだが、これは米などが触れる底はあえて磨く手間が必要ないのに対し、手がふれる胴はすべるほうが使いやすいからとのこと。利便性を追求した結果なのだが、かごの外側と内

柳宗理

やなぎ・そうり〈本名むねみち〉（1915—2011）。柳宗悦の長男。工業デザイナーとして調理器具や食器、家具など幅広い分野で実用性と美しさを兼ね備えたデザインを手がける。1957（昭和32）年には「バタフライ・スツール」が第11回ミラノ・トリエンナーレで金賞を受賞。77（昭和52）年からは日本民藝館第3代館長も務めた。

採取したのはおよそ4年ものの真竹。長さは10m以上。

目ぼしい竹を見つけ、根元から伐採する。

竹やぶのなかで作業中の池田さん。

採取後の竹。ファインダーにおさまらないほど長く、まっすぐ。

技を見る

使うために編むから美しい池田さんの角メゴづくり

「角メゴ」を製作中。イカダ底を編み終え、立ち上がりのござ目編みに入ったところ。底と胴の対比が美しい。

↓

胴はすべりをよくするために、磨いた竹で編んでいる。

←

縁は「巻き縁」で巻いていく。

↑

仕上げに専用のブラシで竹のケバ立ちなどをこすり落とす。

店頭でみかんの販売もおこなう竹雄屋竹細工店。

池田さん所有のみかん農園。この近くで竹を採取している。

池田孝雄さん。

側の美しい色の対比という思わぬ効果も生まれた。さらなる工夫として、本体を支えるためと、かつぐときにひもを通せるように縁に力竹をまわしているのも見逃せない。角メゴは、**柳宗理**も大好きだったという。

そのほかにも、「チャブレ」と呼ばれる茶碗カゴやみかんを入れるためのかご「みかんちぎりテゴ」などの日用品から、潮干狩りなどで使う「浜テボ」や魚の水切りに使用する「タラシ」などの漁具まで、製品の幅は広い。

現在武雄市は、市のウェブサイトをフェイスブックに移行したり、図書館の運営に民間の力を活用したりと、新たな行政運営の手法で全国から注目を集めている。だがその陰で、旧きよき地域の手仕事が消えつつある現実も、見過ごしてほしくないものだ。

《訪ねたつくり手》

竹雄屋竹細工店（たけおやたけざいくてん）
現在はみかん農家のかたわら、竹細工を製作している池田孝雄さん。息子さんは池田さんのもののほか、仕入れ品を神社の市などで販売し、生計を立てている。物産展などにも出展。
佐賀県武雄市武内町大字真手野 32599
0954-27-2557

見て学ぶ

日用品ならではの力強さに満ちた用途それぞれの豊かな造形

万石ジョウケ（W52 × D41.5 × H18 ㎝）11550 円

丸メゴ（W53 × D51 × H23.5㎝）15750 円

浜テボ（φ 28 × H18㎝）5250 円

長メゴ〈小〉（W43 × D36 × H15 ㎝）15750 円

柄つきチャブレ〈大〉（φ 43 × H14）6930 円

タラシ（W23 × D20 × H5.5 ㎝）4200 円

17

長崎県佐世保市

西川登の伝統をもとに 他産地のよさを採り入れ 地元に合わせた道具を

佐《さ》世《せ》保《ぼ》の淡《は》竹《ちく》細《ざい》工《く》

買いものかごの縁巻き作業をする野田さん。

〝町の竹屋〟として培った柔軟なものづくりの技術

たいていの編組品の産地は、人里から遠く離れた場所にある。携帯電話の電波が届かないことも、クマの出没情報を聞くこともたびたびだ。それを考えると、ここは例外中の例外といえる。

軍港や造船の町、あるいは「ハウステンボス」に代表される観光の町としても知られる九州の都会、佐世保の片隅に、昔ながらの竹屋がある。佐世保どころか、九州でも唯一かもしれない町の竹屋の主人が、野田利治さんだ。

野田竹細工店の店内に並べられていた、さまざまなかたちのかご。

野田さんの祖父は、竹細工が盛んだった**佐賀県武雄市西川登町**から、数名の仲間とともに佐世保へ移住してきた。当時の西川登は竹の一大生産地でもあり、地元で技術を身につけると都会へ出て行き、竹細工の仕事に就く職人が多かったという。そんな職人たちにとって佐世保は地理的に近く、また軍港や炭鉱があったこともあり、商売にはうってつけの場所だったのだろう。そんな経緯もあり、野田さんの竹細工のルーツは、西川登にある。

戦後まもない17歳のとき、野田さんは父のかたわらで竹細工を始めた。多いときには4名の職人を抱え、また周辺には5、6軒の竹細工店があったという。当時はもっぱら「ホゲ」と呼ばれる石炭や砂利を運ぶための粗くて丈夫なかごや、海の仕事で使う道具入れなど実用一点張りのものをつくっていた。しかし、昭和30年代に入ると、炭鉱の衰退、プラスチック製品の台頭により実用的なかごは売れなくなっていく。一軒また一軒と同業者は店をたたみ、気づけば自分ひとりになっていた。

それからの野田さんは、〝町の竹屋〟であり続けた。地域で使われる農業用の製品を中心に、客が求めるものをつくり、修理にも気軽に応じた。久野さんとのつき合いのきっかけも、ある釣り客の注文だった。その客が注文したのは、かつて八女地方でつくられていた釣り具を入れるための大きな三段重ねのかご。それが佐世保を訪れた久野さんの目にとまった。そして久野さんがそのかごを「段物《だんもの》魚篭《びく》」と名づけて**日本民藝館展**に出品すると、日本民藝協会賞を受賞。その後、柔軟で応用がきく野田さんと久野さんの新製品開発は、段物魚篭を手本に、そのサイズを小さくしたものから、「ちりかご」、「茶碗かご」、さらに「買いものかご」などへと大きく展開していった。

目的に合わせて製法を変える特徴のなさが最大の特徴

野田さんは材料に淡竹を使う。久野さんいわく、全国でも淡竹のみを使うのは西川登の職人と野田さんくらいだそうだ。使用する淡竹を以前は竹材屋から買っていたが、なくなってからは自分たちで採りに行っている。真竹の場合は本体に3年もの、縁に1年ものを使用することが多いが、淡竹の場合はそれぞれ4〜5年もの、3年ものを用いる。淡竹の年数の見分け方として

佐賀県武雄市西川登町 →107頁
日本民藝館展→64頁

技を見る

融通無碍に技術をあやつる
野田さんの買いものかごづくり

まずは底編みから。竹の長さが一定なので、底の寸法が決まればおのずと高さも決まる。竹細工の寸法に用いられるのは「鯨尺」。鯨尺の1尺は約37.9cmで、やきものなどに用いられる「曲尺（かねじゃく）」（約30.3cm）とは異なる。

底を固定、補強するために、底の裏側に「ツンバイ」（力竹のこと）を差し込む。

底から胴を立ち上げる腰の部分を編む。四角形は円形にくらべ、高度な技術を要する。そのため四角い製品は通常竹細工ではあまり見かけない。

胴を編み終えると、余った竹で縁を編み込んでいく。

縁を編んだら、木槌でたたいて竹を締める。

（次頁へ続く）

持ち手を本体に取りつけたら、買いものかごのできあがり。

↑

（前頁より）

本体をつくり終えると竹を割って磨き、持ち手をつくる。

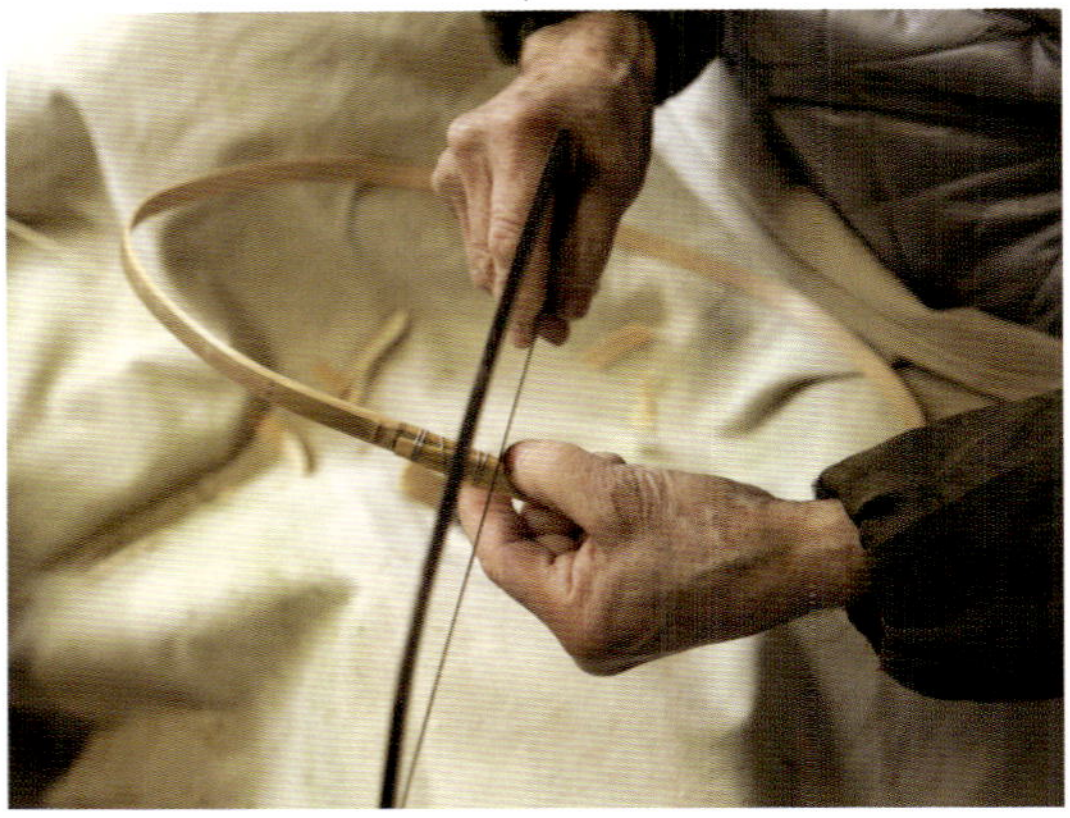

この買いものかごの縁は、縁の外側と内側に竹を当ててひごで巻く「巻き縁」。寸法をはかり、まず「外輪」を加工する。

次に「内輪」をはめる。このあとで、外輪と内輪を同時にひごで巻いて縁をとめる。

外輪を本体にはめたら、曲げやすくするために火であぶる。

自宅兼工房は九州を代表する都市・佐世保の市街地にある。

店内に掲げられていた看板と、野田さんの器用さを感じさせるランプのシェード。

17歳から竹細工の道へ進んだという野田利治さん。

は、年数が経っている竹のほうがやや赤みが強く、そしてかたいのだという。

　また、野田さんはつくるものだけでなく、技法にも器用さを発揮する。それが一番よくあらわれているのが縁の部分だ。通常は西川登と同じく、縁をひごで巻きとめていく「巻き縁」という方法なのだが、なかには「野田口仕上げ」も見られる。これは外側と内側に竹を当て蔓でくくる縁づくりの方法で、鹿児島県の編組品に多い。野田さんは用途や見た目によりこれらを使い分けているのだ。

　野田さんは父、祖父から受け継いだ西川登の伝統をベースに、貪欲に他所のよさを吸収し、自分の仕事に反映させてきた。特徴がないのが特徴ともいえるが、こうした彼の姿勢こそが町の竹屋においての正しい姿であると思う。

《訪ねたつくり手》

野田竹細工店（のだたけざいくてん）
竹細工の生産地として知られる武雄市西川登町出身の祖父が佐世保へ移住。現在の野田利治さんで3代目にあたる。2005（平成17）年、日本民藝館展で「段物魚篭」が日本民藝協会賞を受賞。
長崎県佐世保市俵町25-26
0956-22-9034

見て学ぶ

他所の技術も柔軟に取り入れる "町の竹屋"のたしかな仕事

書類入れかご（W40 × D32 × H21㎝※ふた含む）

びく（W37.5 × D32 × H33㎝ ※ふた含む、内かご H9.5㎝）

ふたつきかご（φ 31 × H37㎝ ※ふた含む）

ちりかご（φ 33 × H30）

買いものかご〈小〉（W35.5 × D28 × H26.5㎝）

※価格は要問合せ

宮崎県宮崎市

素朴さと力強さが持ち味
成功と挫折を経て
再興した手仕事

宮崎《みやざき》の杞柳細工《きりゅうざいく》

18

縁づくりの作業。この作業の巧拙が、製品のよしあしを決める。

減反政策から始まった杞柳細工の取り組み

九州のなかでは手仕事が少ない地域とされる宮崎県で、昭和40年代、いわゆる**民芸ブーム**をうけて自治体を中心に、新たな手仕事を生み出す動きが活発になった。その一例の始まりと終わり、そして復活について紹介したい。

宮崎市の西部に位置する生目《いきめ》地区は、農業を中心に発展してきた歴史を持つ。ところが、1970年代に入り、国の農業政策が減反に転じると田が放置されるようになっていった。そこで地域の婦人会が、農業に代わる新たな仕事を模索し始める。工芸試験所からのアドバイスも受け、手仕事のクラフト品をつくろうという話になった。

話し合いの結果、新たな仕事は休耕田を有効利用して杞柳を植え育てそして編む「杞柳細工」に決定。県内の小林市から杞柳細工の経験者を講師に招き、婦人会のメンバーから年配の男性までが取り組むようになった。つくられたのは杞柳の表皮をはがし、白くさらした材料でつくるかごやざるだった。

成功と失敗そして復活のストーリー

スタートから3、4年が経った頃、久野さんは知り合いの導きにより当地を訪れた。その久野さんの目を惹きつけたのは、練習で編んだという茶褐色の大きなかごだった。この茶褐色こそが、本来の杞柳の木の色だ。「原木のままではかたくて編めない」という反発を受けながらも、久野さんは型枠を利用した大きめのかごづくりを依頼した。これが宮崎市内の展覧会で1位と

民芸ブーム

「もはや戦後ではない」と敗戦からの復興が宣言された昭和30年代、豊かさを取り戻しつつあった人たちの間で古きよき日本の手仕事が注目され、民藝が一気に大衆化。デパートの催事では盛んに「民藝展」がおこなわれるなど、ブームといわれる状況が昭和40年代後半まで続いた。

新メンバーにお手本を見せる安井早智子さん。

久野さんが手本として持ち込んだ、かつての製品。

材料となる杞柳。今後は杞柳細工の産地である兵庫県豊岡市から苗を仕入れて栽培する予定。

なり、久野さんは信頼を得る。そこで次に、脂を含むため水や湯に強く、カビも生えにくい杞柳の特徴をふまえ、熊本県の山鹿温泉の竹細工の洗濯かごを参考にした「脱衣かご」を提案。その後も小鹿田焼の傘立てにヒントを得た「ちりかご」や、「毛糸かご」など、久野さんのアイデアからいろいろな製品が生まれ、いつしか宮崎を代表する工芸品として認知されていった。しかし伝統のない地域の弱さだろうか。有名になり、売上が増えるにつれて内紛が発生。指導的立場の人が去り、つくり手はひとりまたひとりと去っていき、ついに誰もいなくなった。

しかしいま、杞柳細工の復活に光が。2011年12月、以前沖縄の読谷山焼北窯で働いていたという牧師の野中睦久さんと、杞柳細工の最後のつくり手だった安井早智子さんが出会い、久野さんに連絡する。その後メンバーはふたり増え、取材に訪れた際にはみんなが久野さんの持ち込んだ手本を食い入るように見ていた。「工程は教えますが、あとは数をこなすこと。体が自然に覚えます」という安井さんの指導のもと、宮崎の杞柳細工が再興への道のりを歩み始めた。

《訪ねたつくり手》

宮崎杞柳製品振興会

1970年代に興り、途絶えた宮崎の杞柳細工。その中心メンバーだった安井早智子さんと牧師の野中睦久さんが出会い、当時指導的立場でかかわっていた久野さんも加わり再興へ。

宮崎県宮崎市大字細江 2532-1

098-547-3767

見て学ぶ

かつての成功をふまえてその先へ 新たな伝統づくりを目指す杞柳細工

楕円かご（W32×D24.5×H11.5㎝）9450円

チリかご（φ 21×H20.5㎝）10500円

楕円小物入れ（W25.5×D17.5×H8㎝）8400円

パンかご（φ 25×10㎝）7350円

19

宮崎県西臼杵郡日之影町

神話の里に舞い降りた
不思議なかたちの
背負いかご

高《たか》千《ち》穂《ほ》のカルイ

取材に向かう途中で見かけた「アラカルイ」を背負う女性。

土地の暮らしが育んだ 独特な背負いかご

天岩戸《あまのいわと》神話や急峻な峡谷が続く高千穂峡などで知られる高千穂町。その特異な地形から生まれたものに「カルイ」がある。背負う、という意味の方言「かるう」「かろう」から名づけられたと考えられる背負いかごだ。久野さんは言う。

「その昔、峡谷の底の川沿いには川魚を獲ったりかごを編んだりしながら暮らす人々がいたといわれています。彼らは川魚やかごを持って峡谷を上がり、高原地帯の人々の農作物と物々交換をして生活していた。そんな暮らしのなかで、魚や交換品を運ぶ道具としてカルイは誕生したのだろうと思います」

おもに山の急斜面で作業をするときや、平地ではしいたけや栗の収穫をするときなどに使われるカルイは、全国でもこの地域にしか見られない独特なかたちをしている。横から見ると逆三角形で平地では自立しないが、斜面では逆に安定する。また照葉樹林帯が広がる九州の背負いかごは横幅が肩幅よりせまい長方形が一般的なのだが、採取物を投げ入れやすいよう、朝顔のように上部が開いている。土地の暮らしが育んだ造形なのだ。

五ヶ瀬川に沿って深い渓谷が続く。

カルイの元祖「アラカルイ」 そこから発展した「七つ目」

このカルイづくりの名人が、高千穂町の隣町、日之影町に住む飯干五男さんだ。いかにも竹細工がしやすそうな、うなぎの寝床のように奥行のある工房の日だまりのなかに、その姿はあった。

高齢に加え、2012年の暮れに交通事故にあった影響で手早さは鈍ってしまったが、最盛期には目の詰まった「七つ目」と呼ばれる種類のカルイを1日に2、3個は製作していたという。「いまはリハビリみたいなものだからまだまだ」とつぶやきながらも、手を小刻みに動かし、曲線やバランスを意識しながら完成へと近づけていく。飯干さんが子どもの頃は各家庭が自家用にカルイをつくっていたそうだが、いまカルイづくりを専業として生計を立てられているのは飯干さんのほかには数名いるかどうか。それはつまり、飯干さんがすぐれたつくり手だったことの証でもある。需要が減ったとはいえ、カルイを背負う女性や、民家の軒先に転がるカルイを見かけるなど、地元ではまだまだカルイが必要とされているようだ。この文化を絶やさぬために、現在飯干さんは町の施設で次代の担い手の育成にあたっている。

カルイには大きく分けて、目の粗いものと密に編まれたものがある。前者はいわゆるカルイの元祖的存在といえ

(右上)「七つ目」と呼ばれる、密に編んだカルイを製作中。編み上げた後、さらに目を詰めているところ。　(左上) 自分で動きまわりながらの編む作業。
(右中) 竹を水で湿らせてやわらかくして、ふたつに折り曲げてかたちづくっていく。　(左中) 細く加工したひごを横に通していく作業。底から２段目までは四重、以降は三重半まわす。この帯の束を３回入れたものを「アラカルイ」、７回入れたものを「七つ目」と呼ぶ。
(右下) 負荷がかかる底の補強となる「力竹」。本体が組み上がってから、火であぶり曲げながら入れる。竹は火であぶると油が飛び青みが抜けるが、本体の色と合わせるためにそれを極力抑えることが大切なのだそう。　(左下) 縁の補強となる「縁竹」。

左が「七つ目」、右が「アラカルイ」。七つ目の場合、サイズは1尺から最大で2尺6寸までつくることができるそう。

飯干さんの工房。

工房の脇には真竹が保管されている。

る「アラカルイ」。「ヤマガルイ」とも呼ばれるように、山中での作業の際にチェーンソーなどを入れるかごとして重宝された。また後者は、サイズと横に入る竹の帯の本数によって名称が異なる。底の長さが1尺から2尺6寸の場合、竹の帯を7回入れるので「七つ目」といい、大きさはアラカルイと同程度。それ以下のときは竹の帯を5回入れるので「五つ目」という。こちらはアラカルイを改良したもので、おもにしいたけや栗の採取などに使われた。

　じつはこのカルイのかたち、中国の雲南省の山人のかごと似ているという。ルーツをたどれば、遠い昔に大陸から海を渡り高千穂に舞い降りたのかもしれない……というロマンあふれるストーリーは、天孫降臨の神話で知られるこの地にこそふさわしい。

《訪ねたつくり手》

飯干五男（いいぼし・いつお）
1928（昭和3）年生まれ。祖父の代から始めて3代目。カルイを専業でつくる最後のつくり手といってもいい。現在、町の施設で後進の指導にあたっている。
（問）もやい工藝　0467-22-1822

見て学ぶ

神話の里に伝わる不思議な造形を守り続ける飯干さんの熟練した技術

カルイ〈右・小〉（W33 × D19 × H23.5cm）9450円、〈左・大〉（W63 × D38 × H49cm）42000円

アラカルイ（W58 × D38 × H46cm）16800円

20

熊本県水俣市

水《みな》俣《また》の真《ま》竹《だけ》細《ざい》工《く》

職人の生きざまに魅せられ
縁もゆかりもない水俣で
竹細工を生業に

「ごはんジョケ」。夏場にごはんを入れて風通しのよい場所にぶら下げるふたつきのざる。

都会の会社員から田舎の職人へ

高齢化や後継者不足などにより、全国的に竹細工職人の数は急速に減っている。竹の一大生産地である九州でも、工芸品ではない、日用品としての竹製品をつくり生計を立てられている職人は、両手で数えられるほどしかいないとされる。そんな状況にもかかわらず、安定した職を捨て都会から田舎へ移り住み、竹細工に勤しむ人がいる。

水俣市古里、かつての久木野村は山間に棚田が開ける美しい場所。この地で暮らすのが、まだ40代前半の井上克彦さんだ。神奈川県出身で、一流大学を卒業し都内の大手商社に勤務していた井上さんと、水俣や竹細工がどうにも結びつかない。聞くときっかけは、商社退職後に訪れたインドにあった。

「インドで出会った山岳民族は、かごを編み、食料と物々交換をしながら暮らし、政府が提供した住居に住むことも拒んでいました。そうした彼らの生き方に感銘を受けたのです」

かごやざるという〝もの〟よりも、それらを編む〝人〟や〝歴史〟に興味を抱いたのだ。

水俣という場所で竹細工をするということ

帰国後いったんは就職するが、30歳のときに竹細工の道へ進むことを決意。そしてたどりついたのが、水俣だった。

「技術を学ぶために学校に行くことは考えませんでした。職人の暮らしそのものに興味があったので」

師匠の渕上泰弘さんのもとでの3年間、渕上さんが若い頃に一軒一軒家をまわり日当をもらってかごを編む「田

棚田が広がる集落の風景。

工房で作業中の井上さん。長い竹を割る作業がしやすいように、板の間を改良している。

この地域の竹林には真竹と孟宗竹が混在しているが、使用するのは真竹。日が当らない北東斜面に生えているほうが節が低く、竹細工には向いているそう。

舎まわり」をしていたこと、竹細工という仕事のこと、水俣病を経験した水俣の歴史など、多くを見聞きした。

「私が来た当初、水俣は取り残された町という印象がありました。コンビニも1軒もありませんでしたから。でも、そのぶん昭和の香りもしました。水俣というと、水俣病が有名なので海の印象が強いですが、じつは山間部が多く棚田も残っていて、農業機械よりも農具のほうが使いやすかったりします。いまも近所のおばちゃんたちが普通に使っているので、新しく買ってくれたり、修理を頼まれることも多いです」

人への興味から始まった竹細工も、いまではもっといいものをつくりたい、という気持ちが強くなってきたという。

「師匠や独立後教わった柏木（芳雄）さんらがつくるものは、やっぱり迫力があってぜんぜんかないません」

そう謙遜するが、取材中、井上さんに学びに来た年配の夫婦の姿があった。また、地域とのつながりを大切にする一方、ウェブサイトをつくり情報を発信するなど、若者らしい一面もあわせ持つ。明るいきざしの見えない竹細工の世界に、風穴をあける存在になることを期待してやまない。

《訪ねたつくり手》

井上克彦（いのうえ・かつひこ）

神奈川県出身。大学を卒業後、商社、ＪＩＣＡ（国際協力機構）勤務を経て水俣へ移住し、渕上泰弘さんのもとへ弟子入り。現在は独立し、妻・育子さんとふたりで竹細工に励む。

熊本県水俣市古里４２８

www16.ocn.ne.jp/~takekago/

見て学ぶ

竹細工の道を選んだ若手職人の伝統をふまえた丁寧な仕事

川蟹［ガネ］テゴ（ϕ 50 × H31㎝）

ごはんジョケ（ϕ 38 × H40㎝）〈2升用〉

茶碗かご〈楕円〉（ϕ 38 × H15㎝）

カレテゴ〈背負いかご〉（ϕ 45 × H48㎝）

※価格は要問合せ

21

鹿児島県日置市

日置《ひおき》の箕《み》

柳宗悦も蒐集した
地域ならではの素材を
活かした美しい農具

かつては九州全域で農家の必需品だった日置の箕。

山桜とキンチクを活かした九州を代表する桜箕

本書にも登場する岩手・面岸のニギョウ箕、秋田角館のイタヤ箕、富山・氷見のフジ箕などに代表されるように、東北から鹿児島にかけて全国に箕の産地がある。いや、厳密にはあったというべきか。もはや産業としては成り立っているとはいえないのだから。それらは共通項として馬蹄形をしているが、穀物とそれ以外をふり分けるという作業においてもっとも適したかたちだったのだろう。しかし地域により使われる素材や、構造は少しずつ異なる。全国の箕のなかから、日本民藝館に蒐集されているのはふたつだけ。上述の岩手・面岸のニギョウ箕と、鹿児島・日置の箕だ。

近隣の雑木林に群生しているキンチク。必要なのは2年以上のもので、高さは7、8mから10mを越えるものも。採取は年中可能。

九州にもいくつかの産地はあったのだが、九州の箕といえばいつのまにか日置の箕を意味するようになっていた。造形美もさることながら、なにより実用性にすぐれているのだ。その理由としては、まず山桜の皮をふんだんに使っていることが挙げられる。通常、山桜の皮が使われるのは、すべりをよくするため、あるいは補強のために、はきだしの部分や四隅などに限られるが、日置では全面に使われる。日置以外では宮城県の大和町にしか見られない特徴だ。日置では、キンチクと呼ばれる竹で山桜の皮をはさみ込むのだが、これは全国でもここだけ。竹のすべりやすい皮とすべりにくい身の両面を使うことにより、適度なすべりやすさを実現したのも人気を得た理由だろう。この箕のつくり手が多く存在したのが、日置市内の日置柿之谷という集落だ。

農業用だけでなく漁業あるいは信仰の場にも

久野さんが初めて日置柿之谷を訪れた40年ほど前、崖に寄り添うように連なる家並が印象的だったという。いまでは田畑が開かれ住宅も増えたが、それでもわずかながら山すそのあたりに往時をしのばせる風景が広がっている。

ここで生まれ育ち、現在は鹿児島市内に暮らすのが、平野正勝さん。先代の父、正義さんの頃から久野さんとのつき合いは続いている。平野さんは34歳のときに名古屋でのトラック運転手の仕事を辞めて故郷に戻り、建設会社に勤務するかたわら、箕の材料の採取や行商など父の手伝いをしていた。その頃はこの集落にも多数のつくり手が存在し、まとまった数になると問屋を介さずみずから車にのせて売りに行っていたという。農業の形態の違いだろう、福岡の筑後平野のあたりでは大きいものが、宮崎平野では中が、鹿児島では小がよく売れた。

現在、平野さんは本格的に箕をつくっておらず、副業として注文があれば対応するというスタイルで仕事をしている。ときおり日置柿之谷の生家に出向いては大部分をつくり、鹿児島市内の自宅で最終の仕上げをおこなう。農具としての需要がほぼない現代において、生業としてやっていけないのは仕

面岸のニギョウ箕↓64頁

角館のイタヤ箕↓45頁

氷見のフジ箕↓102頁

キンチク
イネ科ホウライチク属の蓬莱竹のこと。↓138頁

キンチクからつくったヘギ（全国的にはヒゴと呼ばれることが多い）の間に山桜の皮、毛糸（昔はフジカズラの繊維）をはさみ、父・正義さんの形見の「ミガタナ」という道具でたたいてしめ込む。正義さんは年に100枚以上製作していたそうだ。

箕の構造においてはとくに枠のつくりが重要。ここに製作者の技術の差が出る。

かつては箕の一大産地だった日置柿之谷の集落。

平野正勝さん。こちらは生家で、製作の際に利用するが、ふだんは鹿児島市内に暮らす。

日置の箕の材料。上から、枠をつくるための山枇杷（びわ）の木、本体を構成する山桜の皮とキンチク。

方がないことだろう。それでもこちらでは、市内の江口漁港で水揚げされるちりめんじゃこを選別するために、またまったく別の用途として、8月15日の夜に供えものを入れたり、子どもの初誕生を祝う「餅踏ませ」という行事に用いたりと、農業だけでなく漁業、さらに神聖なものとしても使用されるそうだ。

久野さん自身、日置の箕の伝統が途絶えたとあきらめたこともあった。しかしいま現在、平野さんを含めふたりのつくり手を知っている。現代の用に照らし合わせれば、箕の未来は明るくない。だが同時に、地域に根づく伝統というのは案外粘り強いのかもしれない、という希望も感じた。

《訪ねたつくり手》

平野箕専門店

平野正勝さんは1947（昭和22）年、父・正義の長男として生まれる。34歳で帰郷して以来、建設会社に勤務しながら父の箕づくりを手伝うように。

（問）もやい工藝　0467－22－1822

見て学ぶ

需要の減少にも負けず粘り強く 命脈を保つ日置伝統の箕づくりの技

箕〈右・大〉（W58 × D69 × H15㎝）42000円、〈左・小〉（W29.5 × D34.5 × H9.5㎝）13750円

22

鹿児島県薩摩郡さつま町

土地ならではの材料から生まれた背負いかご

薩《さつ》摩《ま》のつづら細《ざい》工《く》

つづらカガイ製作中。底は「ござ目編み」をし、胴の途中からは「縄編み」に切り替える。

球《く》磨《ま》地方の背負いかごを求めて鹿児島県へ

駐車場に着くと、建物の2階の窓から声がした。声の主は下屋敷くみ子さん。素朴な薩摩弁の響きと、穏やかな笑顔が印象的な人だ。久野さんがこの地に通い始めてもう40年ほど、つくり手もくみ子さんで3代目になる。

出会いのきっかけは、熊本県球磨地方、五木の里でつくられていた背負いかご「つづらテゴ」に魅せられたことに始まる。つづらテゴという名前は、九州ではオオツヅラフジの蔓を「つづら」、かごを「テゴ」と呼ぶことに由来する。このかごを探し求めるうちに、北薩地域の柊野（現さつま町）にたどりついた。周囲の人に尋ねると、それは営林署の人たちが使っているものらしく、つくり手はひとりしかいない。東条市之進という80歳そこそこの老人が山奥でつくっているとのことだった。

地域の自然に合わせた「つづらカガイ」のかたち

彼がつくっていたのは、山に入る際にナタや木挽きのこ、弁当などを入れるかごだった。山へ行くときに使うから「山行きかご」、現地では「つづらカガイ」と呼んだ。

つづらカガイの特徴として、縦長の長方形のかたちをしていることが挙げられる。これは、北薩地域の山が照葉樹林であるために、木々をかきわけながら進まねばならず、かごが肩幅より出ていては歩きづらいからだ。逆に東北地方は広葉樹林のために、背負いかごの幅は肩幅より広い。地域の手仕事は、地域の自然と密接に関係している

オオツヅラフジ

ツヅラフジ科ツヅラフジ属のつる性木本。別名ツヅラフジ（葛藤）。日本では関東以西の本州、四国、九州に分布する。この植物の蔓で編んだふたつきのかごが「つづら」と呼ばれ、のちに竹などで編まれたかごも「つづら」と呼ばれるようになった。

周囲には田畑が広がる。路傍に立つ「田の神（タノカンサア）」。

下屋敷くみ子さん。

つづらの正式名称は「オオツヅラフジ」。大きなものをつくるときには太めの蔓を使う。

のだ。もうひとつ、あえて粗く編んでいるのも特徴で、これは弁当を入れるために通気性を考慮してのことだという。肩ひもは「緒《お》」と呼ばれ、藁で編んだ縄が使われている。つづらカガイづくりには、藁細工も必要なのだ。

市之進さん亡きあと、その技術は近所に住む姪の東条のりさん、そしてのりさんの娘のくみ子さんへと引き継がれてきた。そのくみ子さんも80歳を迎え、製作量は減っている。材料を採取する人がいないことも影響している。

材料となるつづらは秋の彼岸から霜が降りる頃にかけて採取する。つづらは適度な日陰のある雑木林のほうが良質なものが採れるそうだが、近年は植林が進み日当たりが良くなったためにかえって育ち過ぎてしまい、細工には使いにくい。採取したつづらは陰干ししてつるしておき、編む前々日くらいに水に浸し、また少し乾燥させてから使用する。型枠に入れて編んでいくのだが、ひと月に2個つくるのがせいぜいだという。

現在くみ子さんは近くの伝統工芸センターでつづら細工を教えている。市之進さん、いやそれ以前から伝わる地域に固有の手仕事を絶やさぬために。

《訪ねたつくり手》

下屋敷くみ子（しもやしき・くみこ）

還暦を過ぎてから、母につづら細工を学ぶ。近年は近くの宮之城伝統工芸センターで講師を務めるなど、後進の育成にも携わっている。

（問）もやい工藝　0467-22-1822

見て学ぶ

母から受け継いだ郷里固有の仕事を誠実に守る下屋敷さんのつづら細工

つづらカガイ（W33 × D11 × H40.5㎝）23100円

つづらテゴ〈縦〉（W36 × D13.5 × H36㎝）24150円

つづら果物かご（φ 24.5 × H8㎝）3150円

つづらテゴ〈横〉（W38 × D15 × H30㎝）24150円

23

鹿児島県姶良市・日置市

かつての竹の大産地
薩摩の伝統をいまに伝える
希少なつくり手たち

薩《さつ》摩《ま》の真《ま》竹《だけ》細《ざい》工《く》

この地域ではいまでも一般家庭で味噌づくりの際に使われることが多いという「オオバラ」。脇には孟宗竹と真竹が置かれている。

島根の技と鹿児島の竹の融合

龍門司焼の窯元からほど近いシラス台地の崖の下に、尾崎利一さんの姿があった。80歳を過ぎ、だいぶ耳も遠くなったせいか、なかなかこちらの存在に気づいてくれない。けれど目の前に立った次の瞬間、いつもと変わらぬ温和な笑顔が我々を安心させてくれた。

尾崎さんは春夏秋冬、寒い日はたき火にあたりながら外で仕事をする。取材に訪れた時期はまだたき火が必要な時期ではなかったが、崖を背にゆらめく炎のかたわらで竹を編む姿は、想像するだけで美しい。その尾崎さんの手から生み出される竹細工は、小柄な体に似合わず力強さを感じさせるものだ。

尾崎さんは高知県の出身。働きに出た島根県で竹細工を教わり、奥さまの実家がある鹿児島県姶良《あいら》市へ。当初は山へ入って良質な竹を採取し、職人に供給する仕事をしていたが、しだいに自分でもつくるようになった。

久野さんは、米をあげるためのざる「米あげジョケ」（鹿児島ではざるをジョケと呼ぶ）や、貝を入れるためのかご「貝テゴ」（同じくかごをテゴと呼ぶ）など、地域の実用品の製作を依頼した。尾崎さんがつくる製品の縁はほかの鹿児島の竹製品と同様、「柾割り当て縁（野田口仕上げ）」が多い。これは、肉厚で幅広の4枚の竹ひごを縦に割りそろえて縁に当て、つづらと呼ばれる**オオツヅラフジ**の蔓で等間隔に巻きとめる、縁づくりのことだ。しかし、できあがったものは、鹿児島のものとは少し違う。久野さんは言う。

「島根県の山中で見られる『ダンガメソウケ』（名前の由来は、ざるのかたちが楕円形で深め、伏せると亀のように見えることから。中国地方の山地では、米あげざるはソウケと呼ばれる）に似ていて、ふっくらとしています。しかも、竹の質が鹿児島のほうが島根よりも粘りがあり、厚めにつくれるので、製品が豪快に見えてよりいい」

かつて島根で習得した技と、みずから山へ入り竹を吟味する目が、鹿児島のほかの竹細工との違いを生み出しているのだ。

南薩唯一の竹のオールラウンドプレーヤー

薩摩半島のほぼ中心部に位置する金《きん》峰山《ぼうざん》の山麓は、かつて竹細工の産地として栄えていた。農具や漁具、また近くに茶の産地として知られる知覧《ちらん》があることから茶摘みかごなども含めさまざまな種類がつくられていた。しかし当時の竹細工は基本的に分業化されていた。そんななか、あらゆるものをつくれ、修理にも対応できる永倉義夫さんは貴重な存在だ。永倉さんのような職人の希少性は年々増している。

永倉さんが住む吹上町（現日置市）から西へ向かうと、日本三大砂丘のひとつである吹上浜にぶつかる。ここにはかつて「伊作城《いざくじょう》」という城があり、薩摩半島の中心地として栄えた。また余談だが、城の周辺では江戸時代から和紙づくりがおこなわれ、染織家の**芹沢銈介**はその「伊作和紙」の紙すき場を型絵染のモチーフに選んでいる。そんな伊作の町の中心から少し路地を入った場所に、永倉さんの自宅兼工房はあった。

永倉さんの工房には、味噌づくりに使う「オオバラ」、籾《もみ》殻を取り除くための「籾通し」、堆肥を畑にまくための「肥ジョケ」などが立てかけられていた。それらはたとえばオオバラひとつとっても、真竹や孟宗竹、キンチク、

龍門司焼
りゅうもんじやき。鹿児島県姶良市にある民窯。龍門司系、苗代川系、竪野系の3系統ある薩摩焼の一系統で、注ぎ口つきの酒器「カラカラ」など、地域特有のかたちのうつわを多くつくっている。

オオツヅラフジ
→128頁

芹沢銈介→19頁

鹿児島県の特徴的な地形であるシラス台地の
崖の下が尾崎さんの作業場。

堆肥を畑にまくための道具「肥ジョケ（肥料ざる）」を製作する永倉さん。

永倉さんの自宅兼工房。玄関先に座るのは永倉さんご夫妻。

永倉さんの道具。上から、細工包丁、ナタ包丁、竹割り包丁。

竹割り包丁でヘギをこしらえる永倉義夫さん。

ヘギ（鹿児島の言葉でひごのこと）づくりをする尾崎利一さん。

そして縁にはつづら蔓と、異なる素材を使い分けている。こうしたところにも、永倉さんの器用さをうかがい知ることができる。

　また、そうした実用品のほかにも、本来は田植えをする前の稲の苗を持ち運ぶために用いたが、花器としても適している「イネテゴ（花売りかご）」や、醤油を製造するための竹製の簀《す》を改良した「長ちりかご」など、久野さんのからの提案に応えながら、現代の暮らしに合った製品づくりにも取り組んでいる。

《訪ねたつくり手》

尾崎利一（おざき・としかず）
1932（昭和7）年生まれ。出身は高知県だが、島根県で竹細工を学ぶ。その後奥さまの故郷・鹿児島県姶良市へ移住し、竹の採取の仕事を始めたことから、しだいに竹細工も手がけるように。

永倉竹細工（ながくらたけざいく）
永倉義夫さんは1932（昭和7）年生まれ。竹細工を始めたのは16歳のとき、宮崎県西都市で修業したという。あらゆるものを製作できる器用で、貴重な職人。
（問）もやい工藝　0467-22-1822

見て学ぶ

力強さと繊細さを兼ね備えた　ふたりの老職人による美しい実用品

丸ちりかご（φ 26 × H19.5㎝）7350円ⓐ

買いものかご（W26.5 × D21.5 × H19㎝）7350円ⓐ

縁飾り買いものかご（w31 × D23.5 × H20㎝）7350円ⓐ

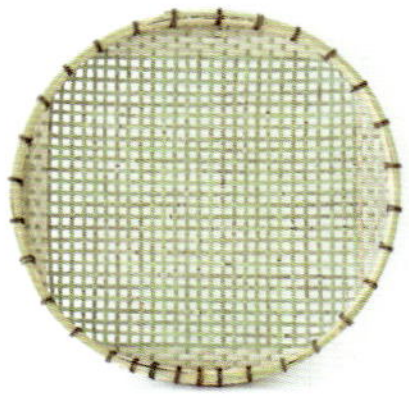
米通しバラ（φ 55 × H6㎝）8400円ⓑ

長ちりかご（φ 30.5 × H49.5㎝）13650円ⓑ

イネテゴ（φ 46 × H28㎝※手を含めると H70㎝）18900円ⓑ

ⓐ尾崎さん、ⓑ永倉竹細工

沖縄県沖縄市

24

沖《おき》縄《なわ》の竹《たけ》細《ざい》工《く》

南方文化の伝統を
未来へ引き継ぐ
保守性と革新性

ジンディールを製作中の津嘉山さん。沖縄の方言でジンは「銭」、ティールは「かご」を意味する。

ティールとバァーキー
風土に根ざしたかたち

POSレジ全盛のなか、その姿は見る影もなくなってしまったが、昭和の時代、商店の軒先にぶら下がっていたかごを覚えている方も多いのではないだろうか。それと同じく沖縄で、売り上げ金や釣り銭の入れものとして使われたかごの名前は「ジンディール」。沖縄の方言でジンは「銭」、ティールは「かご」を意味する。

かつて竹細工の一大産地として栄えた沖縄の代表的な製品といえば、これ以外にも、風通しのよいところにつり下げてごはんを保存するための「サギジョーキー」や、農業や漁業など多用途に用いられる「アラバァーキー（沖縄の方言でバァーキーはざるの意味）」、88歳の米寿の祝いの際に農作物を入れて贈るための「ユナバァーキー」などが挙げられるが、それらのかたちには、風土に根ざした共通の特徴が見られる。それは脚をつけないこと。本州のかごやざるは脚つきのものが多いが、これは地面に置くという使い方からくる、竹の腐食を避けるための工夫だ。それに対し、沖縄のものには脚がない。このことから、沖縄では文化的に近い東南アジア地域と同じく、伝統的にかごやざるを頭にのせて使っていたのではないかと考えられるのだ。

このように独自の竹の文化を育んできた沖縄だが、いまでは沖縄本島で竹細工を生業とする職人はひとりだけだといわれている。そのつくり手の津嘉山寛喜さんのもとを訪ねた。

伝統を進化させ
沖縄の竹細工を未来へ

1879（明治12）年、廃藩置県にともない首里から現在の北谷町《ちゃたんちょう》桃原《とうばる》へ移住してきた津嘉山さん一家は、当地が稲作およびその道具としての竹製品の生産が盛んな地域だったこともあり、竹細工で生計を立てるようになる。祖父と父、親戚の職人たちが作業小屋で仕事に打ち込む様子を幼少時の記憶にとどめていた津嘉山さんは、米軍の下請け会社や建築設計事務所勤務、建築設計事務所開業を経て40歳のときに家業を継ぐ決意をした。1980年代以降、沖縄県は建設産業から観光産業への転換を図っており、そのことが「竹細工を実用品としてだけでなく、土産品としても通用するものに」と考えていた津嘉山さんをあと押しした。しかし外的要因だけではなく、「自分がやらなければ」という家業および沖縄の竹細工の継承に対する使命感もあったという。そして「北谷竹細工」の看板を掲げ、竹細工の仕事を始めたのが1989年、元号が平成に変わった年のことだった。

津嘉山さんが使用するのは、竹のなかでもおもに**蓬莱竹**と**布袋竹**という種類。ともに熱帯地域のバンブー系の竹で、細いのが特徴だ。竹細工に適するのは3～5年もので、秋分の日から春分の日までの間に1年分を採っておく。採取した竹は2週間ほど乾燥させる。

次にひごづくりに入るのだが、津嘉山さんは東北の笹竹系の産地などで利用されている機械工具を導入している。テレビで自身の仕事が取り上げられたことがきっかけで、学校や公民館などからの体験教室の講師の依頼が殺到したため、仕事の効率化のために借金をしてまで竹ひごをつくる機械工具を購入したのだ。これにより、100人分の竹ひごをつくるのに10日かかった作業も半日で仕上げられるようになった。ところが、このことが原因で当時まだ

蓬莱竹
ホウライチク。イネ科ホウライチク属。四国、九州、沖縄など暖地で栽培される熱帯地域原産のバンブー系の竹。稈は高さ3～6m、直径3cmほど。夏にタケノコが出ることから、土用竹とも。

布袋竹
ホテイチク。イネ科マダケ属。中国原産で、稈は高さ5～12m、直径2～9cm。根元の節間が短く、ふくらみがある様子が七福神の布袋の腹を連想させることから名前がついた。強靭な性質から釣竿などにも使われる。

技を見る

新たな工夫も取り入れた津嘉山さんのジンディールづくり

底の部分から編み始める。一番大事なのが竹ひごの厚さと幅の関係で、その加減は長年の勘による。

↓

底から胴へ立ち上がる腰を編む。この部分がつくりのよしあしを決める要になる。

←

かごの胴にあたる部分は、手製の木枠にはめて作業。編み込むスピードを上げるために改良を重ねた結果、型枠式にたどりついた。

↑

仕上げの縁まわしの工程に入る前に、水につけて竹をやわらかくしておく。

竹ひごは薄くした外側の皮を使う。幅も均等にそろえる。

竹割りの作業。採取してから2週間ほど乾燥させた竹を6～12等分に割る。

竹ひごは編み始める1時間ほど前から水につけておく。

現役だった父との間に確執が生まれた。昔ながらのやり方を主張する父と、100年前と同じやり方では仕事にならないと反発する息子は、とうとう父が亡くなるまで口をきくことはなかったという。

　津嘉山さんは本来の実用品のほか、近年は子どものための玩具などまで幅広く製作している。また、体験教室の講師や出張販売での実演などにも積極的だ。こうした活動はややもすると、作家的に受けとられかねず、伝統の仕事のよさが薄まっていくのではないか、という危惧する向きもある。だが、父とのけんかのときもそうだったが、「伝統は変わっていくもの」と考える津嘉山さんの存在が、沖縄の竹細工を牽引しているのもまた事実だ。

《訪ねたつくり手》

北谷竹細工（ちゃたんたけざいく）

津嘉山寛喜さんは会社勤務、設計事務所開業を経て40歳で家業を継ぎ、北谷竹細工を設立。本業のかたわら、地域の公民館や小学校などで体験教室を開催するなど竹細工の普及にも熱心。

沖縄県沖縄市八重島3-4-7

098-937-1474

見て学ぶ

伝統を受け継ぎつつ進化を目指す 沖縄特有のおおらかな造形

ジンディール（φ32×H16cm※口径20・5cm）8000円

バァーキー〈小〉（φ37×H14cm）6000円

ティール（φ22×H34.5cm※口部分φ19cm）7000円

25

青森県弘前市

りんごからほたてまで
根曲竹の特性を活かした
丈夫で美しいかご

岩《いわ》木《き》山《さん》麓《ろく》の根《ね》曲《まがり》竹《だけ》細《ざい》工《く》

底は六角形、縁は円形につくられた「ほたて蒸しかご」。

いまもりんごの収穫に竹のかごが使われる理由

青森県の岩木山麓では、昔からあけび蔓細工や根曲竹細工が盛んだ。この地に暮らす三上幸男さんは、みずからも根曲竹細工の職人でありながら、周辺の人々に竹を支給してかごを編ませて、さらにかつてはできたものを車にのせて北海道や津軽半島、下北半島まで、おもに漁業関係者への行商に出向くというひとり三役をこなしていた。

いまも昔も変わらず一番よく売れるのは、収穫したりんごを入れるための手つきのかごだという。一時はプラスチック製に取って代わられそうになったが、強靭で粘性がありやわらかい根曲竹のかごのほうがりんごの肌を傷めないという理由から、いまでもひと冬に２０００個ほどつくるという。

「りんごの手かご」のほかに目を惹くのが、北海道の内浦湾や津軽湾でいわしを運んだり、養殖するほたてを湯に浸けて蒸したりする際に使う「ほたて蒸しかご（別名いわしかご）」。海水に浸すためひごに吟味した厚めの材を用い、「六つ目編み」で緻密に編まれたかごは造形的に美しく、さらに耐久性もある。これらは農業、漁業だけでなく、都会の暮らしのなかでも使える、民藝の一級品だ。

《訪ねたつくり手》

三上幸男竹製品販売センター
（みかみゆきおたけせいひんはんばいせんたー）
三上幸男さんは１９３０（昭和５）年生まれ。竹細工が盛んな集落に生まれたこともあり、若い頃から竹製品の製作、販売に携わってきた。
青森県弘前市大字愛宕字山下71-1
0172-82-2847

3時間目

毎日使って、毎日楽しむ
かごとざるを暮らしのなかに

本来、竹製品は農業や漁業などの仕事の道具として、あるいは家庭の台所用具として、日常的に使われるものだった。

ところが近年では日用品の「青物」ではなく、工芸的、芸術的な「白物」を志す人が増えている。

価格の高い白物は、観賞用として位置づけられることが多いが、民藝の立場からすると、ぜひ青物を手に入れ、使い倒してもらいたいと思う。

いっぽう、蔓や樹皮の製品では、
あけびや山ぶどうなどの「かごバッグ」を
都会でも見かける機会が増えてきた。
なかには中国製などもあり、
品質にばらつきも見られるが、
手にする機会が増えているということは
ひとまず喜ばしいことといえるだろう。
これが一過性のブームに終わらないことを願ってやまない。

編組品は本シリーズでこれまでに紹介してきた手仕事にくらべ、
素朴さや色艶などがダイレクトに伝わる魅力がある。
また、それらは使い込むほどに
艶が増したり色に深みが出たりと育っていく。

ときに無機質で殺伐とした都会の暮らしにおいても、
素朴なかごやざるは、
一服の清涼剤の役割を果たしてくれることだろう。

もっと自由に、かござる三《ざん》昧《まい》

日用品として、あるいは農業、漁業、林業など仕事の道具として、日本の暮らしに寄り添ってきたかごやざる。

しかし現代の暮らしのなかでは用途を失ってしまっているものも少なくない。

でも、アイデアしだいでその人の暮らし方に見合った新しい使い方ができるはず。

もっと自由に、かござる三昧してみませんか。

根曲竹のきのこびく

花入れ

野山で使うものとして皮の黒い部分を省かず編んだ、野趣あふれる戸隠のきのこびく。名前の通り元来は腰に下げてきのこなどの収穫に使用するものだけれど、縦長のかたちを活かして花入れに。

淡竹細工のびく
→ 茶器入れ

深いかごと浅いかごが入れ子になった独特のつくりを特徴とする、佐世保のびく。深いほうには急須や茶筒、浅いほうには湯のみをしまったら、来客にもあえて見せたいお茶セットができあがり。

くるみのナタ入れ
→ キッチンツール入れ

本来は山仕事に使うナタなどを入れていたかごは、壁かけ用のループもついているのでキッチンの壁にかけてひんぱんに使う道具の定位置に。

鈴竹の弁当かご
→ 裁縫箱

おにぎりを入れるなど、本来の用途で使ってももちろんいいのだけれど、小さな裁縫箱にすれば、家のなかでも外出先でも役立ちそう。

真竹の長芋かご

CDラック

長芋がそのまま入るよう、細長くつくられた房総の長芋かご。かたちを活かしてお気に入りのCDや読みかけの本を収めるラックに。

つづらテゴ

お盆入れ

薩摩のつづらテゴは、山仕事用の背負いかご。背負いひも用のループを壁にかけ、意外と置き場所に困るお盆を入れて、すっきりと。

篠樺細工の肥料ふりかご

編みもの入れ

持ち運びやすく手のついた大和町の肥料ふりかご。一番小さいものは、編みものを入れたり、家のなかでひんぱんに使う道具をまとめておくのにちょうどいいサイズ。家中どこにでも、ひょいと持ち運べる。

イタヤの箕 干しざる

編み込まれた桜皮の模様がきれいな角館の箕。野菜や果物の皮、梅干用の梅を干すときなどに使えば、独特なかたちのおかげで移し替えも簡単。

根曲竹細工の買いものかご スリッパ入れ

麻の葉編みで通気性のよい戸隠の買いものかごは、スリッパ入れに。カーブした手は見た目に美しいのはもちろん、移動にも便利。

【オマケ】あけび蔓のかご ペットのベッド

ちょっと贅沢（？）なベッドでくつろく中川原さん宅のノンちゃん。あまりのかわいさに思わずパチリ。

先生に質問①

どんなものから買えばいい？

本書で素材さまざま、かたちもさまざまなかご、ざるにふれて、改めてその多様さを実感した方も多いかもしれない。ではそのなかで、初心者におすすめなのはどんなもの？

「使いたいもの」が欲しいもの

初めてかご、ざるを手に入れるときに、まず考えたいのは「何を、どんなふうに使いたいのか」ということ。かたちやたたずまいに心惹かれて購入し、部屋に置いてオブジェとして眺める、というのも楽しみ方のひとつかもしれないが、使わないでいることが、カビ、虫など傷みの原因になることもある。

もともと実用品としてつくられてきた民藝のかご、ざるは、やはり使ってこそのもの。使うことで愛着が深まると同時に、より美しく育っていくものでもあるのだ。

では、実際に「使いやすいかご、ざる」にはどんなものがあるのだろうか。久野さんが初心者におすすめの定番アイテムとして挙げてくれたのは、ちりかご、小もの入れ、脱衣かご、米とぎざる、そばざる、そしてとくに女性に人気の高い買いものかご。各部屋のゴミ箱をかごに変える、買いものにはトートバッグではなくかごを使うなど、その人ごとの日常生活のなかに自然に取り入れられるものから始めてみよう。

また好みのかたちのかごを眺めるだけにしない方法としては、なかに花びんを入れて花入れにするのがおすすめとのこと。

さて、あなたがまず使ってみたいかご、ざるはどれでしょう？

買いものかごいろいろ

角館の樹皮細工（右上）、温海のあけび蔓細工（右下）、薩摩の真竹細工（左上）、佐世保の淡竹細工（左下）の買いものかご。

ちりかご

弘前のあけび蔓細工（右）と宮崎の杞柳細工（左）のちりかご。

脱衣かご

大和町の篠樺細工の脱衣かご。

米とぎざる

会津三島のマタタビ細工（右）と河口湖の鈴竹細工（左）の米とぎざる。

そばざる

戸隠の根曲竹細工のそばざる。

かごとざるの豆知識

「とにかく使う」が一番のお手入れです

竹、樹皮、蔓などの自然素材でできたかご、ざるを使っていく上で、一番心配なのがカビ、虫などが発生するトラブルだ。

これを防ぐには水に浸けたりぬらしたりしたあとには風通しのよい場所に置き、しっかりと乾かす、しまっておく際も湿気の多い場所は避けるなどのケアが基本。ただし、久野さんによるとカビや虫の発生は、材料が適性な時期に吟味して採取されたものであるかどうか、また置き場所の環境にもよるので、ケアをしたからといって防げると一概にはいえないのだそうだ。

トラブル予防法のひとつとしては、信頼できるつくり手、産地のものを選ぶことがある。そしてもうひとつ、最大の予防法が、とにかく使うこと。日々使ってカビや虫が発生するスキを与えないのが、一番。毎日使って、美しく育てよう。

あけび蔓の買いものかごの新品（上）と40年ほど使い込んだもの（下）。手の脂などにより色は飴色になり、艶が出ているのがわかる。しっかり使って、こんなふうに育てたいもの。

先生に質問②

“いいもの”はどこが違うんですか？

人気のあるジャンルだけに、国産のものに絞ってもさまざまな製品が市場にあふれているのもかご、ざるの特徴のひとつ。では、いいものを選ぶためにチェックすべきポイントとは？

《ポイント1》 素材がよい

本書の2時間目でもたびたび紹介したように、かごやざるの材料には、素材ごとに採取に適した時期があり、その時期に採ったかどうかは素材の質に影響する。また、素材のよしあしを見極める目を持つ人によって選ばれ、部位などに応じて適材適所に配されているかどうかも大切だ。

とはいえ、こうした情報は製品からは見てとれず、初心者にはなおのこと判断が難しいもの。心配な場合は売り手、つくり手に確認してみよう。

房総の竹材店にて。適切に採取され、きちんと管理された材料を用いることは、よい製品づくりの第一歩となる。

《ポイント2》 模様がよい

きちんとそろった編み目や、その編み目がつくる模様は、見た目に美しいのはもちろん、ひごづくりや編み組みの技術におけるつくり手の技量を示すポイントでもある。とはいえ、技巧に走った意図的な装飾はえてして素材の持ち味を殺してしまう。民藝のかご、ざるの模様は、水切れがよいように、入れるものへのあたりがやわらかくなるように、といった用を満たすための必然から生まれている。その素朴で力強い模様を、しっかり見極めよう。

篠竹と樺（桜の皮）を組み合わせたことで、美しい模様が生まれた大和町の篠樺細工。

通気をよくし、入れるものへのあたりがやわらかくなるよう麻の葉編みにされた、戸隠の根曲竹細工。

《ポイント3》つくりがよい

持ちやすく返しをつけ、二重巻きでより丈夫になるよう縁が工夫された房総のかご。

一戸の鈴竹細工の弁当かご。似たような安い中国製品もよく見かけるが、つくりの違いは一目瞭然だ。

縁づくり、編み目の具合、底から胴へ立ち上がる腰部分の処理など、つくりのよしあしも、模様と並んでつくり手の技量を示すポイントだ。そしてこれは、初心者にも比較的わかりやすいチェックポイントでもある。

縁は丈夫に、しっかり巻く、結ぶなどして補強されているか、胴をさわったときにべこべこしたりしないか、ケバ立ちや折れたひごが飛び出た部分がないか、竹ざるなら内側に竹の皮を使っているか、腰はなめらかに立ち上がっているか。こうした点は、ものを見てさわればある程度の判断はつくし、さらに数多くの製品を見くらべ、使っていくうちに違いはいっそうわかるようになっていく。いろいろな製品を見て、比較してみよう。

《ポイント4》かたちがよい

新潟の「タガラ」は力強い造形の極地ともいえるもの。

このかたちに最大の特徴がある高千穂の「カルイ」。

かご、ざるのかたちを見ていく上で、もっとも重視したいのは、造形の力強さだ。2時間目で見てきたように、全国各地にはいまもその土地ごとの風土や生活様式をふまえて生まれ、作業をより効率よくおこなうための工夫が育てた、素朴で、力強い造形の製品が数多く存在する。

久野さんによると、用に即した造形の多様さ、面白さがよりわかりやすいのはびくなどの漁具系だそう。ただし単純なかたちの日用品は、シンプルだからこそ素朴さ、力強さがはっきり際立ってくるということもある。縁、胴、底、脚、そして手などの各要素がどのようなバランスでひとつのかたちにまとめ上げられているかを「健康的な美しさ」をキーワードに探ってみよう。

先生に質問③

どんな「かご、ざる」を使ってますか？

手仕事のジャンルのなかでも、編組品には格別の思い入れがあるという久野さん。家のなかのおもだった製品を集めてもらうと、左の写真のありさまに……。

久野さん宅のリビングに、かごとざるの海ができた。これらは久野さんがおよそ40年間、よいつくり手を求めて全国各地をめぐり、出会った人たちとのやりとりを通じて手仕事の未来を模索してきた歴史そのもの。造形の面白さ、素朴な美しさ、丁寧な仕事ぶり……個性さまざまななかにも、通底する久野さんの眼差しが感じられ、とても興味深い。このなかから絞りに絞って8点をピックアップした。

次頁右上のあけび蔓細工のかごバッグは、中川原信一さん（38頁参照）の父、十郎さんが1975（昭和50）年につくったもの。当時すでに名工として知られ、製品を仕入れることが難しかった十郎さんのもとを、久野さんは前年から何度も訪ねていた。しだいに親しくなるな

「これでもまだ一部」だというコレクションに囲まれる久野さん。コレクションはつくり手に新たな製品づくりを提案するときの資料になることもある。

かで、十郎さんが見せてくれたのがこのバッグだった。結婚が決まった信一さんの奥さんのために、十郎さんが手のつけ方を工夫して仕上げた特製バッグを、ひと目で気に入ってしまった久野さん。「どうせ売るからダメ」と拒む十郎さんを「売らずに母親に使わせる」と説き伏せて売ってもらった。そして実際に、バッグはいまだに久野さんのお母さんが「価値がわからないまま使ってる（笑）」のだそう。久野さんが人間的に惚れ込んだという十郎さんとの思い出も詰まったバッグだ。

続いての製品もかごバッグだが、素材は山ぶどう。やはり1975（昭和50）年に当時75歳だった山形・月山の佐藤栄吉さんがつくった。佐藤さんは、久野さんが学生時代に鶴岡で民具調査をしたときに見つけたつくり手。その佐藤さんに提案して完成したのが写真のバッグで、手の根元の処理に強度を高める工夫がある。久野さんはこのバッグを4〜5年間つねに持ち歩

久野さんが月山の佐藤さんに提案して生まれた山ぶどうの買いものかご。

縁と手をリングでつなぐことで強度を高めた、中川原十郎さんのあけび蔓買いものかご。

いていたことから、ついたあだ名は〝民藝坊や〟。その後このバッグの手の処理が山ぶどうのかごバッグの定番スタイルになったことでも、自慢の一品だ。

右下のかご2種は１９７９（昭和54）年に鹿児島・吹上浜で手に入れたというケテゴ（貝テゴ）と卵テゴ。吹上浜伝統のテゴを探していた久野さんが、たまたま潮干狩り用の貝テゴを見つけ、つくり手の安楽元吉さんと出会った。安楽さんはキンチクが周囲を取り囲む土地に高床式の住宅が20件ほど並ぶ、入来という不思議な集落の人だった。入来は本来竹細工には用いない孟宗竹や笹竹で小もの製品をつくる、特別な地域といわれていた。そこで久野さんを一番驚かせたのは、安楽さんが浜で集めたさまざまなもので、アート作品のように自宅の生垣を装飾していたことだった。不遇ともいえる境遇を生きてきた人の意外な自己表現。それを目の当たりにし、久野さんはつくり手のものづくりへの衝動など、背景も含めて製品に向き合う必要があると学んだのだという。

続いては、庄内の亀の子ざる。１９９１（平成3）年に日本民藝協会による平成の手仕事調査に携わった際、鶴岡で見つけたものだ。かつて柳宗悦の『手仕事の日本』で紹介され、芹沢銈介の小間絵にも描かれた亀の子ざるだが、当時すでにめぼしいものはなかった。しかし訪れた店で古い製品を見せてもらうと、それがよかった。そこで同じものをつくってもらい民藝館展に出品すると、入選。久野さんはあらためて〝柳好み〟の視点を会得した実感を得たという。

もうひとつ、島原の祝いかごも手仕事調査にまつわる思い出の品だ。つくったのは、今年ついに廃業してしまった名工、水俣の柏木芳雄さん。久野さんが調査に訪れた島原半島で、廃業した竹細工師の納屋で見つけたかごを柏木さんが再現した。それは、ござ目編みに補強を入れ

元になったのは佐渡の丸口ざるだろうと久野さんが推測する鶴岡の亀の子ざる。

生垣で久野さんに衝撃を与えた安楽さんのケテゴ（右）と卵テゴ（左）。

久野さんがその単純な名前にも惹かれたという筑後の「丸メゴ」。

島原で伝統的に結婚式などで使われていたという「祝いかご」。

た本体や真竹の皮であじろを編んだふたなど、難しい仕事をこなせるのはこの人しかいないと久野さんが見込んでのこと。そして柏木さんは見事、期待に応えた。久野さんが「青物細工でこれだけの仕事ができる人はもういない」と断言する柏木さんのたしかな腕を物語る仕事だ。

上の写真の大きなかごは、1998（平成10）年に筑後の石橋謙吾さんがつくった丸メゴ。石橋さんは久野さんが出会った1974（昭和49）年当時すでに70歳を超えていたが、98歳まで竹細工を続け、その間つねに九州中の竹の情報を網羅し、久野さんに教えてくれていた。筑後平野で使う竹製品を幅広くつくった人で、なかでも厚いひごでしっかり補強も入れて編まれた丸メゴは、石橋さんにしかつくれないものだった。そんな石橋さんの思い出とともに、大きな丸メゴはいまも久野さんのもとで存在感を放っている。

最後の長い手つきのかごは、薩摩の永倉さんのイネテゴ（133頁参照）。イネテゴは久野さんが前述の石橋さんと出会った旅で見つけ、以来この人ならと見込んだ人に注文してきた製品だ。イネテゴと出会ったのは、鹿児島市内の繁華街・天文館の入り口。そこには、花を山盛りにしたかごの横でキセルをふかしながら客待ちをするおばあさんがいた。その光景とともにかごが強く印象に残り、調べていくと「谷山テゴ」と呼ばれるものだと判明。その後さらに、もともとは田植えのときに苗を入れ天秤棒で運ぶ「イネテゴ（稲テゴ）」だったこともわかった。印象的な出会いから調査、再現にいたるまでのドラマとともに、かごへの愛着が久野さんの心に深く刻まれているようだ。「つくり手と売り手、使い手の人情を媒介するのがこの仕事」と語る久野さんのもとに集まったかご、ざるたちは、どれもほのぼのと温かい。

元のつくり手が廃業してしまって以来、薩摩の永倉さんが手がけるイネテゴ。

日本民藝館でかござるに会う

〝柳好み〟の編組品ってどんなもの？　その答えを知るには日本民藝館を訪ね、柳の蒐集品と向き合うのが一番。では久野さん、見どころはどこですか？

日本民藝館の玄関。スリッパ入れに房総の背負いかごが使われている。館内でさりげなく使われている備品にも注目したい。

日本民藝館に収蔵されている編組品は、約1100点。昭和初期に日本各地でつくられていた製品が中心だが、柳宗悦が早くから注目していた朝鮮半島をはじめ、中国、台湾、アメリカ、アフリカなど、外国のものも含まれている。

注目したいのはやはり日本のものだが、種類はかご、ざる、箕などの道具類、蓑《みの》、けら、「ばんどり」と呼ばれる背中当てといった装身具類に大別される。これらの見どころとして久野さんがあげたキーワードは、ずばり〝日用品〟。

「柳のもの選びの基準は、まず〝美しいかどうか〟だったので、蒐集品には庶民の日用品ではなかったものも多く含まれています。まずは、実際に暮らしのなかで使われていたものに注目し、かたちや模様を味わってみてください。また、現在もつくり続けられているものに注目し、現行品と見くらべてみるのもおすすめです。柳が

写真　上・米揚笊／竹／岩手県（昭和９年頃）／日本民藝館蔵
下・魚籠／竹／沖縄県（昭和45年頃）／日本民藝館蔵

籠（こだし）／山葡萄／山形県（昭和15年頃）／日本民藝館蔵

選んだものといまのものはどう違うのか。数十年の間に製品のつくりは変化しているのか。いろいろなことが見えてくるはずです」

この頁でご紹介している収蔵品も、本書で現行品をご紹介したものばかり。まずは本のなかで、両者を見くらべてみては？

日用品ということでいえば、もうひとつ注目したいものがある。それは、民藝館の日用品である館内の備品だ。たとえば館の玄関でスリッパ入れとしてなにげなく使われているかごは、房総の佐藤さんの製品（90頁参照）。このかごのように、毎年開催される日本民藝館展に出品された現代の民藝品が館の買い上げとなり、その後実際に使われていたりもするのだ。

日本民藝館を訪れたら、建物をはじめ展示品の陳列棚や休憩用の椅子、収納用具にいたるまで、館全体に貫かれた民藝の美意識をじっくりと堪能しよう。

住　所　東京都目黒区駒場4-3-33
電　話　03-3467-4527
開館時間　10時～17時（入館受付～16時30分）
休　館　月曜（祝日は開館、翌日休館）、展示替期間
www.mingeikan.or.jp

写真　上・箕（メッカイ）／蔓／山形県（昭和15年頃）／日本民藝館蔵
下・背負籠（カルイ）／竹／宮崎県（昭和53年頃）／日本民藝館蔵

巻末付録

かござる用語集

編組品の材料や技法についての専門用語は、なじみのないものが多いだけに言葉だけの説明を読んでもわかりにくいもの。左にまとめた用語の多くは1時間目の基礎編で写真とともにご紹介しているので、あわせてチェックしてみてほしい。

【あ】

青物細工（あおものざいく）
青竹をそのまま用いてつくった竹製品。つくられるのはおもに日用品で、多くは美術工芸品がつくられる白物細工と区別して呼ばれる。

あけび→33頁

麻の葉編み（あさのはあみ）
→31頁

あじろ編み（あじろあみ）
→31頁

あじろ底（あじろぞこ）
→30頁

当て縁仕上げ（あてぶちしあげ）
編組品の縁の仕上げ方の一種で、本体の縁を別の材でつくった2枚の縁ではさみ、蔓などで巻いて仕上げる方法。

いかだ底（いかだぞこ）
→30頁

イタヤカエデ→33頁

市松組み（いちまつぐみ）
四つ目編み（→31頁）のすき間を詰めて市松模様のように編んだ編み目。

えび止め（えびどめ）→30頁

男竹（おだけ）
マダケやモウソウチクなど、稈の太い竹のこと。

【か】

かご目編み（かごめあみ）
六つ目編み（→31頁）の別名。

樺（かば）
樺細工などに使われるヤマザクラ（→33頁）の樹皮。

菊底（きくぞこ）→30頁

杞柳（きりゅう）
コリヤナギ（→33頁）の別名。

キンチク→138頁

鯨尺（くじらじゃく）
おもに和裁に使われる計量単位。明治時代に政府が公的な尺の単位（曲尺〈かねじゃく〉1尺＝約30・3㎝）を定めた際、着物地などの計量に限定して使用が認められ、1尺＝約37・9㎝と定められた。

クルミ
クルミ科の落葉高木の総称。かたい殻に包まれた子葉はナッツとして食用になる。樹皮細工には日本各地の山地に自生するオニグルミやサワグルミ（クルミ科ではあるが食用にはならない）が使われる。

黒物（くろもの）
青竹をそのまま使う青物に対して、竹を脱色・染色したものを黒物と呼ぶこともある。

行李（こうり）
竹や柳などで編まれたふたのついた箱形の入れもののこと。「旅の荷物」という意味も。

ござ目編み（ござめあみ）
→31頁

ござ目底（ござめぞこ）→30頁

こだし
おもに東北地方で背負いかごをさす言葉。

こだし編み（こだしあみ）
寄せ編み（→31頁）の別名。

御用かご（ごようかご）
底から胴にわたる力竹を入れ、頑丈につくられた四角いかご。八百屋、魚屋などが商品を入れ、御用聞きをする際に用いていたことからついた名前とされている。

【さ】

ササラ仕上げ（ささらしあげ）
野田口仕上げ（→30頁）の別名。

挿し手（さして）→31頁

ざる目編み（ざるめあみ）
ござ目編み（↓31頁）の別名。

篠竹（シノダケ）
スズタケ（↓33頁）の別名。

じゃばら巻き（じゃばらまき）↓30頁

ショウケ
箕桶編み（すおけあみ。ござ目編みのこと）のざるのこと。「すおけ」が転化した呼び方と考えられており、ジョケ、ソウキ、ソーケ、などと呼ぶ地域もある。

白物細工（しろものざいく）
青竹を火であぶる、苛性ソーダで煮沸するなどして油抜きし、白くした竹材（白竹）を用いた竹製品のこと。白竹でつくったひごを染料で染めて編んだ製品は「染物細工」と呼ばれる。美術工芸品としてつくられる場合が多い。

箕桶（すおけ）
底と胴が区別されていない編組製品のこと。ざる。

鈴竹（すずたけ）↓33頁

【た】

力竹（ちからだけ）↓29頁
竹細工の底面などに補強用としてつけられる竹のこと。

チャブレ
九州などで使われる、「茶碗の水切りかご」のことをさす方言。

飛びござ目編み（とびござめあみ）↓31頁

共縁仕上げ（ともぶちしあげ）
編組品の縁の仕上げ方の一種で、胴を編んだ材でそのまま縁を巻く方法。

【な】

流し止め（ながしどめ）↓30頁

縄編み（なわあみ）↓31頁

縄束（なわたば）
竹を取引する際の単位のひとつ。決められた長さの縄で束ねられるだけの竹を束にしたものが1単位となる。

縄手（なわて）↓31頁

ニギョウ
サルナシ（↓33頁）の別名。

二重巻き縁（にじゅうまきぶち）↓30頁

根曲竹（ねまがりだけ）↓33頁

【は】

淡竹（はちく）↓33頁
呉竹（クレタケ）、唐竹（カラタケ）とも。ことわざの「破竹の勢い」は、竹の稈の一部を割ると一気に全体が割れる勢いをたとえたもので、竹の種類の淡竹とは異なる。

菱四つ目編み（ひしよつめあみ）↓31頁

本束（ほんたば）
竹を取引する際の単位のひとつ。決められた本数を束にしたものが1単位となる。

蓬莱竹（ほうらいちく）↓138頁

布袋竹（ほていちく）↓138頁

【ま】

巻き縁（まきぶち）↓30頁

曲げ手（まげて）↓31頁

真竹（まだけ）↓33頁

マタタビ↓33頁

松葉編み（まつばあみ）↓31頁

六つ目編み（むつめあみ）↓31頁

六つ目底（むつめぞこ）↓30頁

目かご（めかご）
縦横にひごのすき間が四角になる四つ目編みで編んだかごや、六角形になる六つ目編みで編んだかごのこと。

女竹（めだけ）
イネ科メダケ属のメダケ（↓33頁）があるが、マダケやモウソウチクなど稈の太い「男竹」に対して、シノタケなど笹竹系の稈の細い竹をさす場合もある。

孟宗竹（もうそうちく）
イネ科マダケ属。中国原産で、日本のタケ類のなかでは最大で、高さ15～20mにもなる。節の環が1本で、2本ある真竹と区別する目安になる。タケノコが食用になる。

【や】

矢筈巻き（やはずまき）
じゃばら巻き（↓30頁）の別名。

山ぶどう（やまぶどう）↓33頁

寄せ編み（よせあみ）↓31頁

四つ目底（よつめぞこ）↓30頁

【ら】

籃胎漆器（らんたいしっき）
竹で編んだかごなどに漆を塗った漆器の一種。薄いひごで編んだものに漆を何度も塗り重ね、最後に磨いて仕上げる。

監修者紹介

久野恵一（くの・けいいち）

手仕事フォーラム代表。地域手仕事文化研究所主宰。もやい工藝店主。1947年生まれ。武蔵野美術大学在学中に民俗学者・宮本常一に師事。松本民藝家具の創始者・池田三四郎との出会いをきっかけに民藝の世界へ。大学卒業後、仲間5人と「もやい工藝」をはじめ、その後独立。北鎌倉を経て現在の鎌倉市佐助に店舗を構える。40年にわたり1年の3分の2は手仕事の産地をめぐり、買いつけや調査、職人をプロデュースする活動を続けてきた。2011年まで日本民藝協会の常任理事を務め、現代の民藝運動と積極的に関わる。2002年には手仕事のある暮らしのすばらしさをより多くの人に伝えるべく「手仕事フォーラム」の発起人となる。手仕事フォーラムでは展示活動や勉強会、毎日更新されるブログなどを通じて民藝の魅力を発信し続けている。現在の民藝の産地やつくり手の状況をもっともよく知る〝民藝の先生〟。

著者紹介

萩原健太郎（はぎはら・けんたろう）

ライター・フォトグラファー。1972年生まれ。大阪府出身。関西学院大学卒業。株式会社アクタス勤務、デンマーク留学などを経て2007年独立。デザイン、インテリア、北欧、建築、手仕事などのジャンルの執筆を中心に活動中。久野さんとは雑誌の取材がきっかけで出会い、手仕事、民藝に関心を抱く。著書に「北欧デザインの巨人たち　あしあとをたどって。」（ビー・エヌ・エヌ新社）、「生活に溶けこむ北欧デザイン」（誠文堂新光社）、「北欧デザインをめぐる旅― Copenhagen Stockholm Helsinki」（ギャップ・ジャパン）などがある。

http://www.flighttodenmark.com

もやい工藝

住所　鎌倉市佐助2-1-10
電話　0467-22-1822
営業時間　10時〜17時
定休日　火曜日（祝日を除く）
http://moyaikogei.jp

手仕事フォーラム
http://teshigoto.jp/

型染　小田中耕一

撮影　萩原健太郎（左記以外）
松本のりこ（1時間目〈32―33頁をのぞく〉／2時間目・房総の竹細工、河口湖のスズ竹細工および「見て学ぶ」製品カット／3時間目）

イラスト　溝川なつ美

アートディレクション　関宙明（ミスター・ユニバース）

編集　笠井良子（グラフィック社）

民藝の教科書④

かごとざる

2013年6月25日　初版第1刷発行
2022年4月25日　初版第4刷発行

監修者　久野恵一
著　者　萩原健太郎
発行者　長瀬　聡
発行所　株式会社 グラフィック社
〒102-0073
東京都千代田区九段北1-14-17
TEL 03-3263-4318
FAX 03-3263-5297
http://www.graphicsha.co.jp
振替 00130-6-114345

印刷・製本　図書印刷株式会社

ISBN 978-4-7661-2469-9 C0072

次号予告
民藝の教科書⑤
手仕事いろいろ（仮）
2013年12月上旬刊行予定